AUF DEN SPUREN DER KELTEN

Die Milseburg – vor ca. 2500 Jahren befand sich auf diesem Berg die größte Keltensiedlung in der Rhön

WALTER HÖHN (Hg.)

AUF DEN SPUREN DER KELTEN IN DER RHÖN, IM FULDAER LAND UND IM GRABFELD

»von der Werra bis zur Fulda und der Fränkischen Saale«

mit Beiträgen von Regina Frimel, Christian Aschenbrenner,
Walter Jahn, Mathias Seidel, Frank Verse,
Manuel Zeiler und Ulrike Söder

MICHAEL IMHOF VERLAG

DANK

Der Herausgeber und Autor bedankt sich bei den Mitautoren Regina Frimel aus Immelborn, Walter Jahn aus Ostheim und Christian Aschenbrenner aus Hosenfeld sowie bei den Leitern und Mitarbeitern der im Buch genannten Museen und Manuel Zeiler und Ulrike Söder. Besonderen Dank möchte ich Dr. Mathias Seidel und Dr. Frank Verse für die wissenschaftliche Betreuung unseres Werkes aussprechen.

Dank auch an Winfried Holzhauer, Silke und Robert Menzel, Herbert und Torsten Stütz für ihre Mitarbeit.
Hohe Anerkennung meinem Verleger Dr. Michael Imhof und seinem Team für die hilfreiche und freundliche Unterstützung.

Walter Höhn

ABBILDUNGEN AUF DEM UMSCHLAG

Umschlagvorderseite: Keltenkreuz, Keltendorf Sünna, Milseburg (Luftbild), Schmied, steinerne Relikte auf dem Dietrichsberg
Umschlagrückseite: Rhönlandschaft bei Vacha

BILDNACHWEIS

Alle Abbildungen stammen von Walter Höhn (200 Fotos) mit Ausnahme von:
Rudolf Diemer: 2, 108 o. l., Umschlagvorderseite M.
Herbert Lochner: 8, 9
Andrea Bottke: 24 u.
Angela Holzhauer: 26 o. r., 41 o. l.
Gerd Stoi: 35 o.
Romana Bellinger: 39 o.
Regina Frimel: 41 r., 48, 120
Michael und Wolfgang Imhof: 26 u., 51
Vonderau Museum Fulda: 52
Christian Aschenbrenner: 53, 60–62, 112 u., 113
Walter Jahn: 65, 66, 68o., 69 u., 72, 75–78, 80, 82
Zbigniew Jez, Vonderau Museum: 87 o. & u., 88 r. u., 89
Dr. Frank Verse: 87 M., 88 l. o. & u., r. u.
Archäologisches Museum Bad Königshofen:94, 95
Torsten Stütz: 99 u. r., 119

Stettiner Straße 25 | 36100 Petersberg
Tel.: 0661/9628286 | www.imhof-verlag.de

Gestaltung und Reproduktion: Michael Imhof Verlag GmbH & Co. KG
Druck: Himmer Druck AG, Augsburg

Printed in EU
ISBN 978-3-86568-511-7

INHALT

EINFÜHRUNG

Unter den Völkern der europäischen Antike nehmen die Kelten einen geachteten Platz ein. Ihre Epoche wird die vorrömische Eisenzeit genannt.

Vor mehr als 2500 Jahren tauchten sie aus dem Nebel der Geschichte auf und verschwanden auf tragische Weise kurz vor Beginn der Neuzeit. Geblieben ist bis in die Gegenwart ein beträchtliches Erbe an Kultur und Traditionen.

Ihr nördlichstes Ausbreitungsgebiet reichte hierzulande bis in die Rhön, eines der schönsten Mittelgebirge Deutschlands.

Unser Buch möchte dem steigenden Interesse an diesem Thema entgegenkommen. Es beschreibt, wer die Kelten waren, wo sie auf den Bergen, den Hängen und in Tälern der Rhön, im Fuldaer Land und im Grabfeld lebten. Der weitgespannte Bogen des reich bebilderten Buches entspricht in etwa dem damals

einheitlichen Lebensraum der Kelten am Nordrand ihres Ausbreitungsgebietes zwischen Fulda, Werra und Fränkischer Saale.

Was von den Landesämtern für Archäologie und Denkmalpflege Thüringen, Hessen und Bayern auf ihre Weise erforscht und dargestellt wurde, fassen wir zusammen und fügen hinzu, wie aktuell versucht wird, keltische Lebensweise zu rekonstruieren. Wir besuchen Keltendörfer, wandern auf Spuren der Kelten und benennen die Museen, in denen archäologische Zeugnisse und Forschungsergebnisse aus der vorrömischen Eisenzeit aufbewahrt werden.

Unser Überblick erhebt nicht Anspruch auf Vollständigkeit. Reich ist der Fundus wissenschaftlicher Literatur, beweiskräftig das praktische Beispiel.

WER WAREN DIE KELTEN - KURZE ZUSAMMENFASSUNG IHRER GESCHICHTE

WALTER HÖHN

Szenen aus dem Wandgemälde im Keltenhotel von Herbert Lochner

In der europäischen Vorgeschichte spielten die Kelten eine wichtige Rolle. Von Mythen umrankt, erschienen sie nach der Bronzezeit zum ersten Mal etwa um 800 v. Chr. und beherrschten zunehmend große Teile Europas vom Balkan bis zu den Britischen Inseln, vom Alpenraum bis zum Nordrand der Mittelgebirge Deutschlands. Überreste von Siedlungen und archäologische Funde zeugen davon.

Die Kelten waren kriegerische Stämme, berühmt für ihren spektakulären Mut. Zwischen dem 5. und 1. Jh. v. Chr. erfolgten mehrere große Wanderbewegungen. Sie fielen über die Alpen in Italien ein, plünderten 387 v. Chr. Rom und drangen bis Griechenland vor, um sogar Delphi anzugreifen.

Ihre meisterhaften Handwerker waren äußerst geschickt im Schmieden von Metallen sowie bei der Herstellung von Waffen und Geschirr. Sie stellten auch Schmuck mit feinen geometrischen Motiven, Menschen-, Tier- oder Fantasiefiguren her, Streitwagen und Münzgeld. Weil sie Eisen zu schürfen, zu verhütten und vorzüglich zu bearbeiten wussten, nennt man jene Zeit auch die vorrömische Eisenzeit.

Was wir von den Kelten wissen, vermitteln uns griechische und römische Geschichtsschreiber, deren Berichte jedoch oft Barbaren-Klischees verklärten. Authentisch dagegen sind wissenschaftliche Forschungen der Archäologen, die ihre Grabungsergebnisse und Funde in Museen und Universitäten aufbewahrt und in einschlägiger Fachliteratur dargestellt haben.

Von den Griechen wurden sie Keltoi, lateinisch *Celtae*, auch Galli, Galatae („die Tapferen" und „die Erhabenen" oder „die Hohen") genannt. Die im heutigen Frankreich, Belgien und Oberitalien lebenden Kelten waren die Gallier: Gallien, abgeleitet vom lateinischen Gallia, das Land der Kelten. Doch vieles ist noch rätselhaft und unvollständig, denn schriftlich haben sich die Kelten nicht hinterlassen. Wissen aufzuschreiben war verpönt. Man gab es stets mündlich weiter.

DIE WELT DER KELTEN IM ÜBERBLICK

Ältere Hallstattzeit 750-600 v. Chr.

Benannt nach dem oberösterreichischen Fundort Hallstatt. Errichtung von Grabhügeln über Brandbestattungen (entwickelt aus der Urnenfelderkultur mit Rückgriffen auf die Hügelgräberkultur der Bronzezeit). Erste Eisenwaffen und Gerätschaften. Wagengräber.

Jüngere Hallstattzeit 600-450 v. Chr.

Kulturwandel: Körperbestattungen unter Grabhügeln. Herausbildung von Machtzentren, getragen durch eine Oberschicht z. T. mit starken Beziehungen zum Mittelmeer. „Fürstengräber" mit reichen Goldbeigaben. „Herrensitze" für die Ranghöchsten.

um 500 v. Chr.

Nennung der Kelten durch den griechischen Historiker Hekataios von Milet.

Frühlatènezeit 450-260 v. Chr.

Benannt nach dem Schweizer Fundort La Tène. Übergang vom Grabhügelfeld zum Flachgräberfriedhof. Abbruch der Herrensitze. Entwicklung eines eigenen Kunststils u. a. durch Umsetzung mittelmeerischer Figuren und Ornamente. Erste scheibengedrehte Keramik. Große befestigte Höhensiedlung auf der Milseburg, der Steinsburg und dem Öchsenberg. Aufsiedlung des Umlandes durch ein dichtes Netz bäuerlicher Kleinsiedlungen und kleinerer Ringwälle. Keltische Großplastik vom Glauberg.

420 v. Chr.

Erste Keltenwanderungen.

um 387 v. Chr.

Kelten erobern Rom und belagern das Kapitol.

335/330 v. Chr.

Große Keltenwanderungen, Kelten bei Alexander dem Großen.

Mittellatènezeit 260-120 v. Chr.

Brandbestattungen. Beginn der Münzprägung. Erste große befestigte Städte.

Spätlatènezeit 120-80 v. Chr.

Große Stadt- und Befestigungsanlagen (Oppida). Durch Wall und Graben umgrenzte Kultstätten (Viereckschanzen) in Süddeutschland.

113-101 v. Chr.

Die Kimbern- und Teutonenzüge bringen die erste Begegnung zwischen Römern und Germanen.

80-15 v. Chr.

Zerfall der keltischen Welt.

Germanen dringen über den Thüringer Wald in die Rhön vor

58-51 v. Chr.

Caesar unterwirft Gallien und dringt bis an den Oberrhein vor.

ab 15 v. Chr.

Römisches Militär erstmals in Südwestdeutschland und Anlage von Militärstationen.

Römer und Germanen an Donau und Rhein, das Land der Rhön wird germanisch.

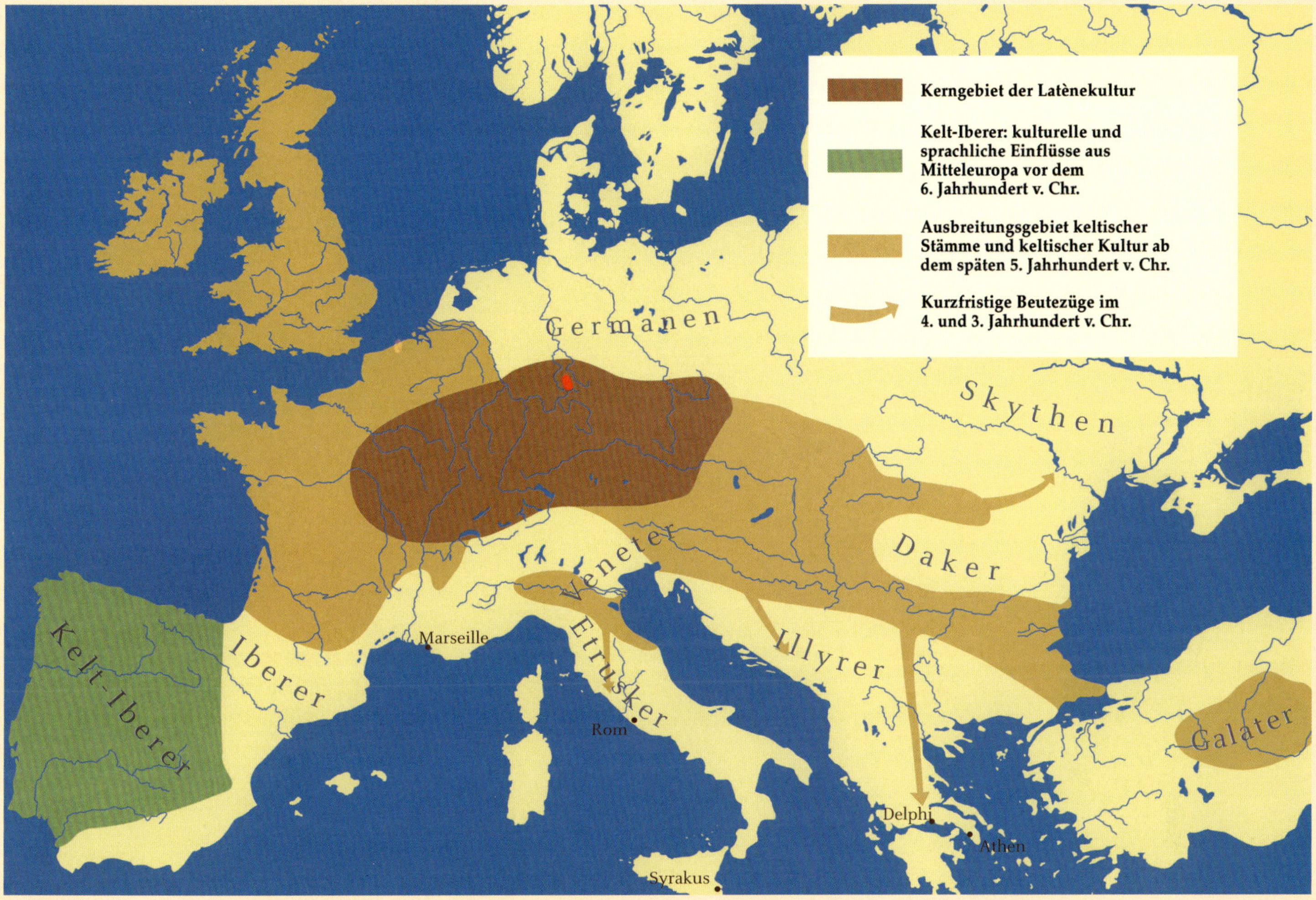

Verbreitungskarte der Kelten

So unterschiedlich und geheimnisvoll die einzelnen Familien- und Stammesverbände der Kelten auch waren, so wird ihre Epoche dennoch von diversen Gemeinsamkeiten charakterisiert:

- Ihr Lebensraum vom Balkan, der Türkei bis Spanien, Italien, der Atlantikküste und den Britischen Inseln lässt sich sprachgeschichtlich als keltischer Kulturraum ausmachen.
- Weil sie die Eisenbearbeitung beherrschten, waren sie in der Lage, eine effizientere Landwirtschaft zu betreiben. Höhere Erträge, die Salzgewinnung und der florierende Handel führten zu wachsendem Wohlstand.
- Einheitliche Merkmale kennzeichnen die Kleidung und den Schmuck, Bewaffnung und Rüstzeug, z. B. Pferdegeschirr, Streitwagen u. a.
- Aus der Bestattungskultur und den Bestattungsbeigaben lassen sich ähnliche religiöse Vorstellungen ableiten.

Von einem einheitlichen Volk kann nicht gesprochen werden, denn es gab keine ausgeprägten Verwaltungsstrukturen, keine politischen Grenzen. Allmächtige Herrscher wie in den antiken Hochkulturen kannte man nicht. Die losen Stammesverbände wurden zwar von einer Art „Fürst“ oder „Clanchef“ regiert, doch bildeten sie nicht wie beispielsweise die griechischen Stadtstaaten oder das römische Imperium eine politische Einheit, die von einem König oder Kaiser angeführt und beherrscht wurde.

Der Ursprung der Kelten liegt im Dunkeln der Bronzezeit. Erste wirklich keltische Spuren in Mitteleuropa lassen sich im 7. Jh. v. Chr. ausmachen. Beweise dafür lieferte die Entdeckung eines riesigen Gräberfeldes im österreichischen Hallstatt in der Mitte des 19. Jh. Mehr als 2000 Bestattungen und über 20 000 Funde wurden ans Tageslicht gebracht. Die meisten stammen aus der Zeit zwi-

Hallstatt in Österreich

Salzhauer nach dem Beispiel von Hallstatt

Rekonstruiertes Gräberfeld in Hallstatt

schen 750 und 500 v. Chr. In dieser Region wurde schon in großem Stil Salz abgebaut, was zu einem enormen Wohlstand der Menschen führen sollte. Die Funde waren so breit gefächert, dass sie Grundzüge einer frühen keltischen Kultur erkennen ließen. Nach dem Namen des Friedhofes wird die Epoche bis etwa 450 v. Chr. als „**Hallstattzeit**" bezeichnet.
Als eigenständige keltische Kulturepoche wird damit die frühe Eisenzeit benannt. Überall taucht der Werkstoff Eisen auf. Mit Eisenerzeugnissen und Salz wird Handel getrieben. Es entstehen zusammenhängende Siedlungskomplexe mit befestigten Höhensiedlungen (Wallburgen) und sozial höhergestellten Schichten, dem Adel mit den Fürsten an der Spitze. In der Nähe der Fürstensitze befanden sich fast immer größere Gräberkomplexe mit Einzelbestattungen, ein oder mehrere große Grabhügel mit besonders wertvollen Beigaben (z. B. Waffen, Schmuck, Importgüter aus dem Mittelmeerraum, vierrädrige Wagen).
War ein Kälteeinbruch die Ursache für schlagartige Veränderungen gegen Ende des 5. Jh. v. Chr.? Es setzten große Wanderungen der Stämme gen Süden ein. Fürstensitze wurden zerstört oder verlassen. Handelswege veränderten sich.
Doch gleichzeitig entstanden nördlich der Alpen neue Machtzentren um Kriegergesellschaften mit eigenem Stil. Eine neue Kulturepoche der Kelten begann, die ihren Namen wiederum von einem wichtigen Fundort bekommen sollte, die „**Latènezeit**", die etwa von 450 bis 50 v. Chr. andauerte.
Ende des 19. Jh. fanden Forscher am Nordende des Neuenburger Sees in der Schweiz zahlreiche Überreste einer keltischen Siedlung. Ob Siedlung, Friedhof, Heiligtum oder Opferplatz ist nicht abschließend geklärt, wohl aber, dass hier erneut Grundzüge einer einheitlichen Kultur erkennbar sind. Kenner bezeichnen die Latènezeit als die eigentlich große Leistung der Kelten. Vom norditalienischen Raum angeregt, entstand ein veränderter Kunststil, der an fast allen Metallarbeiten festzustellen ist. Man ist dazu übergegangen, die Siedlungen zu befestigen und erste stadtähnliche Strukturen zu errichten, das sogenannte Oppidum.
In seinem Buch „Wege zu den Kelten" schreibt Thomas F. Klein zum neuen Kunststil: „Charakterisierten die Hallstattzeit klare geometrische Figu-

Kanne im Museum Hallstatt

Keltendarsteller

oben: Dudelsackspieler im schottischen Hochland
unten: Keltengräber im Nordwesten Englands

ren aus Kreuzen, Kreisen, Strichen, Zick-Zack-Linien, Quadraten oder Rauten, bevorzugte man nun mit dem Zirkel geschlagene Muster und verspielt-ornamentale, aus der Pflanzenwelt entlehnte Elemente, dazu wundersame Wesen auf Fibeln, goldenen Schmuckringen, Schnabel- und Röhrenkannen, deren schwungvolle Konturen von einem ausgeprägten Formempfinden zeugen".

Die Kultur der Kelten reichte fast an eine Hochkultur. Sie war einfach auf der einen Seite, doch es ist faszinierend, wie prunkvoll die verschiedensten Gebrauchsgegenstände verziert wurden.

So rätselhaft der Beginn war, so tragisch ist die Keltenzeit kurz vor der Neuzeit zu Ende gegangen. Weitgehend glaubhaft sind die Angaben Julius Cäsars in seiner Schrift vom „Gallischen Krieg". Die gallischen Stämme erlitten 52 v. Chr. unter ihrem berühmten Heerführer *Vercingetorix* beim symbolträchtigen Endkampf im burgundischen Alesia eine totale Niederlage. Die unerschrockenen keltischen Einzelkämpfer waren gut organisierten römischen Legionen nicht gewachsen.
Die alteingesessene Bevölkerung lebte unter römischer Besatzung fort und von Norden drangen die Germanen ein. Die keltischen Höhensiedlungen verfielen, die ummauerten, großen stadtähnlichen Siedlungen, die Oppida, entvölkerten. Die Felder wurden nicht mehr bestellt, kein Eisen mehr geschmiedet. Handelsströme versiegten und viele Menschen wanderten aus. Ob auch Seuchen eine Rolle spielten? Vermutungen!
In Randgebieten wie der Bretagne und auf den Britischen Inseln lebten keltische Traditionen fort, obwohl die Römer im Laufe des 1. Jh. n. Chr. bis an die Grenzen des heutigen Schottlands vordrangen. Westlich davon, in Irland und Wales, konnte sich die keltische Kultur weiterentwickeln. Im Hochmittelalter von den Wikingern und englischen Nachbarn beeinflusst, sind Spuren der Kelten bis in die Gegenwart erhalten geblieben. Nicht nur Heldensagen, schottische Clans, die Muster der Schottenröcke, schottische und irische Volksmusik haben ihre Wurzeln in der keltischen Kultur. Selbst auf Friedhöfen der Neuzeit findet man auch heute noch Keltengräber und keltische Ornamente in ökumenischen Kirchen, wie sie der Autor 2008 in einem englischen Dorf, in Grasmere/Nordwestengland, bewundern konnte.

DER KELTISCHE ALLTAG

Die keltische Epoche währte fast 800 Jahre. Weil einheimische Schriftquellen fehlen ist es schwer, den Alltag der Kelten zu rekonstruieren. Wichtigste Quellen sind archäologische Forschungen, die Ergebnisse vieler Grabungen, neueste wissenschaftliche Untersuchungen und die experimentelle Archäologie. Was griechische und römische Gelehrte, auch der Textbericht des Julius Cäsar über seine Feldzüge gegen die Gallier übermittelten, gibt einen tiefen Einblick in den keltischen Alltag, doch war ihr Bild über die „Barbaren" nicht immer objektiv.
Wir wollen und können in unserem Buch nur thesenhaft wesentliche, charakteristische Elemente des keltischen Alltags benennen, über die man Ausführliches in wissenschaftlicher Literatur nachlesen kann.

DIE HANDWERKSKUNST DER KELTEN

Die um 800 v. Chr. bis zur Zeitenwende währende Epoche erhielt ihren Namen durch das neu aufgekommene Metall „Eisen". Schon Römer und Griechen hatten anerkannt, dass die Kelten eine solche Schmiedekunst erreichten, die um vieles besser war als die der mittelmeerischen Hochkulturen oder der weiter nördlich lebenden Germanen.
Hauptgrundlage des täglichen Lebens waren das Handwerk, wie die Töpferei, der Bergbau, die Eisen- und Bronzeverarbeitung genauso wie die vielen Facetten der Landwirtschaft. Kleidung, Tonwaren, Metallerzeugnisse wurden von den Bauernhöfen hergestellt und die Schmiedekunst entwickelte sich später, in der Zeit der Oppida zum selbständigen Handwerk im Ausmaße einer antiken Großindustrie.
Im besterforschten Oppidum, der Keltenstadt in Manching bei Ingolstadt, wurden über 200 verschiedene eiserne Werkzeugtypen gefunden, ein Beispiel des breiten Spektrums des Schmiedehandwerks. Schwerter, Dolche, Fibeln, selbst landwirtschaftliche Geräte, z. B. die Mähmaschine, wurden von den Kelten in hoher Qualität geschmiedet. Die Mähmaschine, die aus einem zwischen zwei Rädern befestigten, mit Messern besetzten Kamm bestand, wurde ausführlich von Plinius dem Älteren beschrieben.
Der Bergbau der Kelten erreichte schon früh ein hohes Niveau. Eisenerze und Salz wurden geschürft und schon in Stollen abgebaut. Die Salzabbaustollen der Kelten im österreichischen Hallstatt erreichten Teufen von über 200 m Tiefe und

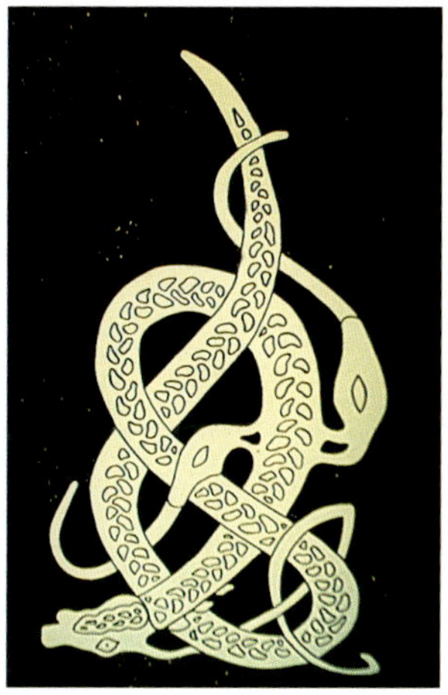

Keltenornament in ökumenischer Kirche in Grasmere (England)

Eisenverhüttung im Rennofen

Vortriebe von mehr als 5 km Länge. Das Verhütten der Eisenerze erfolgte in einfachen, aus Lehm erbauten Rennöfen. Mehrfach wurden Holzkohle und Eisenerze übereinandergeschichtet, die Holzkohle entzündet. Bei einer Temperatur von ca. 1200–1300 °C rinnt die Schlacke aus. Zurück bleibt die sogenannte Luppe, ein Eisenklumpen mit Schlackeresten. Die dem Rennofen entnommene glühende Luppe wird sofort auf dem Amboss ausgeschmiedet. Nach mehrmaligem Ausschmieden des heißen Materials bleibt gebrauchsfähiges Schmiedeeisen zurück.

Neben Gebrauchsgegenständen für Haushalt und Landwirtschaft schmiedeten die Kelten auch Schmuck. Besonders beliebt und weit verbreitet war die Fibel.

„Kunsthandwerklich herausragende Erzeugnisse der Hallstatt- und Latènezeit sind die Fibeln. Fibeln funktionieren wie Sicherheitsnadeln, und schmücken die Träger wie es die Brosche tut. Die Fibelmode, besonders das Beispiel von der Steinsburg bei Römhild, zeigen die Schönheit des neuen Kunststils.“ (T. Grasselt)

Hohe Handwerkskunst erlangte auch das Töpfern. Es waren die Kelten, die den Stämmen nördlich des Mittelgebirges die Produkte der schnelldrehenden Töpferscheibe vermittelten. Viele Keramik-Funde belegen, wie und was aus Ton geformt, verziert und gebrannt worden ist. Darüber ist später mehr zu lesen.

Bei der Herstellung von Glas, das ausschließlich für Schmuck verwendet wurde, erlangten die Kelten wahre handwerkliche Meisterschaft. Das strahlend bunte Glas nutzte man zur Herstellung von Armringen, die besonders die Frauen trugen. Zu Hunderten sind uns die zerbrechlichen, aber wunderbar farbenfrohen, gläsernen Armringe überliefert; die Zahl der Bruchstücke geht in die Tausende. Die Herstellung der keltischen Glasarmringe aus blauem, grünem und gelbem Glas mit aufgesetzten punktierten oder auch gebänderten Mustern war Ausdruck des überaus ausgeprägten Schmuckbedürfnisses der Kelten. Zu den Tracht- und Schmuckbestandteilen zählten noch Ketten, Halsschmuck aus Glasperlen und Korallen. Kelten liebten grelle Farbigkeit und üppige Formen.

Das wohl markanteste Schmuckstück war der Halsring (Torques), nicht nur charakteristisch für den Kelten, mehr noch ein Standessymbol des freien Kelten. Für die Torques wurden edelste Metalle verwendet. Die Halsringe waren oft gedreht, die

Schmied bei der Arbeit

Fibel im Steinsburgmuseum

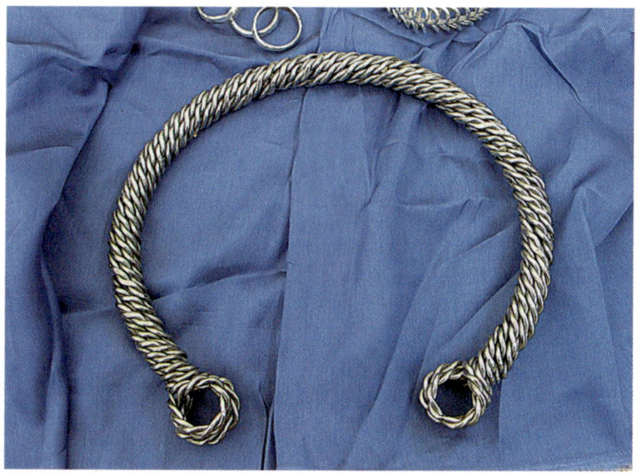

Keltenkleidung und Schmuck wie Glasarmringe und Perlenketten nach einem Fund in der Slowakai, gedrehter Torques

offenen, meist kunstvoll verzierten Enden zeigten nach vorne.
In der körperlichen Darstellung des Erscheinungsbildes der Kelten sind sich die antiken Beschreibungen einig. Er ist hochgewachsen, rotblond, hellhäutig. Von der milchig-weißen Haut rührt auch der Name Gallier, von *gala*, dem griechischen Wort für Milch. Gerühmt wurden der große Wuchs der Frauen und ihre strahlend blauen Augen. Antike Autoren beschrieben besonders suspekt die keltische „Kosmetik": Männer und Frauen rieben Fett in ihr langes, meist ungeschnittenes Haar, kalkten es weiß oder färbten es sich tiefrot. Auch von Tätowierungen und aufwendigen Körperbemalungen mit Pflanzenfarben wurde berichtet, ein weiteres Beispiel der Farbenliebe der Kelten.
So war auch die Kleidung in den damals bekannten Farben üppig geschmückt. Besonders die Kleidung der Frauen war sehr auffällig gestreift oder gewürfelt gemustert und reich mit Borten verziert. Die Männer trugen eine einfach geschlossene Tunika (Obergewand), darüber einen meist grob gewebten, einfachen Mantelumhang, dazu Hosen, die denen der osteuropäischen Reitervölker glichen. Obergewand und Mantel der Frauen waren ähnlich. Statt Hosen trugen sie unterschiedlich lange Röcke, die den jeweiligen klimatischen Bedingungen angepasst waren. Frauen schminkten sich gerne. Vielerlei Pinzetten zum Auszupfen lästiger Haare, dazu Spiegel und andere kosmetische Gerätschaften wurden in Gräbern gefunden. Laut römischer Darstellungen sollen die Frauen ihre Haare lang und offen getragen haben. Einige Funde deuten jedoch darauf hin, dass auch Zöpfe, gefloch-

tenes und hochgestecktes Haar beliebt waren. Die Kleidung fertigte man meist aus Schafwolle und Leinen. Die Schafzucht wurde intensiv betrieben, wie zahlreiche Überreste aus Grabungen belegen. Weberei und Gerberei waren gut entwickelt. Das Weben auf senkrecht stehenden Webstühlen und tönernen Webgewichten, senkrecht verlaufenden Kettfäden und verschiedenen Spindeln, aber auch die Brettchenweberei zur Fertigung von Anfangskanten und Borten waren Bestandteil hochentwickelten Webehandwerks. Feingewebte, prunkvolle und reich verzierte Stoffe waren Statussymbole für die, die es sich leisten konnten.

Sowohl die Produkte des Handwerks, vor allem die Eisenerzeugnisse, auch jene der Rohstoffgewinnung, besonders Salz, erlangten durch einen sich prächtig entwickelnden und lebensnotwendigen Handel überregionale Bedeutung. Sowohl zwischen

Webstuhl und Brettchenweberei

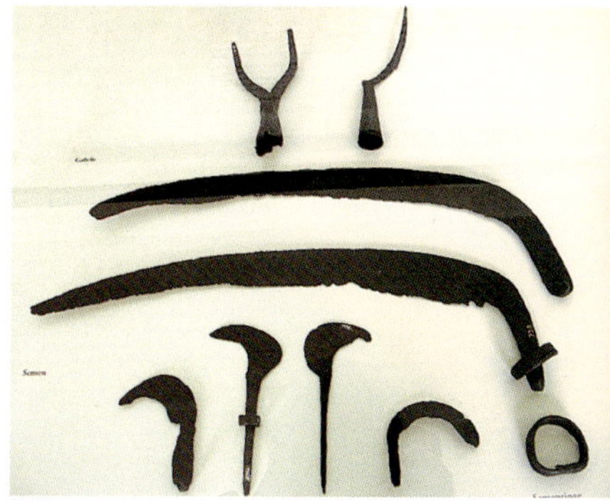

links: Beispiele der keltischen Küche
Mitte: Brotschneiden
rechts: Sensen und Sicheln im Steinsburgmuseum

den keltischen Stämmen und mehr noch zur Mittelmeerwelt blühte ein aufstrebender Fernhandel auf. Keltische Händler besuchten die Märkte südlich der Alpen, um Keltisches nach Süden und antikes Gut nach Norden zu bringen. Das waren z. B. Gefäße wie tönerne Amphoren, in denen Wein und Öl aus dem Mittelmeerraum transportiert wurden.
Aber auch diverse Sitten, z. B. die Trinkgelage der antiken Griechen, gefielen den keltischen Fürstenhöfen. Gefragt war der Import antiker Kulturgüter, mit denen sich die Oberschicht den Sitten der Griechen anzupassen versuchte.
Handelswege und -beziehungen waren natürlich beeinflusst von gesellschaftlichen Veränderungen. So hat die große Wanderbewegung gegen Ende des 5. Jh. v. Chr. auch den Handel betroffen. Große Volksgruppen zogen über die Alpen und wurden in Norditalien sesshaft. Andere ließen sich in Gallien, in Spanien, auf den Britischen Inseln, bis zum Balkan nieder. Neue keltische Siedlungsgebiete entstanden. Ursache der großen Völkerwanderung kann auch ein merklicher Kälteeinbruch um 400 v. Chr. gewesen sein. Vor dem Temperatursturz gab es eine länger anhaltende Wärmeperiode.

ÜBER DIE LANDWIRTSCHAFT DER KELTEN, IHRE ESS- UND FEIERKULTUR

Von großer Bedeutung für das Aufblühen der Keltenzeit waren die Entwicklung der Landwirtschaft und die sich damit verbessernde Ernährung für Mensch und Tier. Entscheidende Fortschritte gegenüber der Bronzezeit wurden durch den Gebrauch metallischer Werkzeuge aus Eisen erzielt: sie waren härter als Holz, Stein, Knochen oder Bronze. Eiserne Gerätschaften wie Äxte und Beile, Sicheln und Sensen, der eiserne Pflugschar, Spaten und Hacken, ja erste Erntemaschinen sorgten für eine viel bessere Bodenbearbeitung und Ernte, höhere Erträge, also eine effizientere Landwirtschaft. Neue Getreidesorten, ortsfeste Felder, andere Fruchtfolgen, eine intensive Viehzucht und Aufstallung im Winter steigerten die Produktion. Das führte schließlich auch dazu, dass sich allmählich eine besitzende und reiche

Brotbacken im Lehmbackofen

Oberschicht herausbildete, die luxuriöser leben konnte.
Auf den Feldern wurden Kulturpflanzen wie Gerste, Einkorn und Emmerweizen, Echte Hirse, aber auch Wintergetreide, so Nacktweizen und Dinkel (auch Grünkorn genannt), Hülsenfrüchte wie Bohnen, Erbsen, Linsen und Ölfrüchte, ebenso die Faserpflanze Lein angebaut. Gehalten wurden Kühe und Pferde, Ziegen und Schweine sowie Geflügel – alle Haustiere, die wir heute kennen. Jagd und Fischfang spielten nicht mehr die dominierende Rolle.
Die Erfindung der Drehmühle erleichterte das Mehlmahlen und gebacken wurde in fast kuppelförmigen Lehmbacköfen. Dass man auf offenen Feuerstellen und Kaminen vortrefflich zu brutzeln wusste, im Topf und auf dem Rost garte, versteht sich von selbst. Zur keltischen Küche zählten natürlich die verschiedensten Kräuter, Beeren und Pilze, was die umgebende Natur Schmackhaftes und Gesundes zu bieten hatte. Gegessen und getrunken wurde viel und während der Gelage deftig gefeiert. Man braute ein obergäriges, milchiges Gerstensaftgetränk, trank Met (Honigwein), Obst- und Traubenwein, Tee, Säfte und Wasser.

Zur Esskultur schrieb der Grieche Athenaios: „Die Kelten sitzen auf trockenem Gras und lassen sich ihre Mahlzeiten auf hölzernen Tischen servieren, die sich nur wenig über die Erde erheben. Ihre Speise besteht aus nur wenig Brot, aber aus einer großen Menge Fleisch, entweder gekocht, auf Holzkohle gebraten oder an Spießen. Sie essen sauber, aber sie fressen wie die Löwen: Mit beiden Händen halten sie ganze Fleischteile hoch und beißen das Fleisch mit dem Mund ab. Alle Teile, die schwer abzubeißen sind, schneiden sie mit einem kleinen Dolch ab.
Wenn die große Anzahl von ihnen anlässlich eines Festes zusammen speist, sitzen sie im Kreis herum mit dem wichtigsten Mann in der Mitte. Die Diener tragen die Getränke herum in Terrakotta- oder Silberkrügen. Das Getränk der Reichen ist Wein. Sie trinken ihn unverdünnt, aber manchmal geben sie doch etwas Wasser dazu. Die unteren Klassen trinken Weizenbier, zubereitet mit Honig, aber die meisten trinken es pur. Sie nennen es Korma."
In ihren Familien und Stammesgemeinschaften wussten die Kelten vortrefflich zu feiern. Rituale, religiöse Anschauungen, Bräuche bestimmten ihre Feste, die sich nach Jahreszeiten und den Lebensabschnitten der Menschen richteten (s. keltischer Jahreskreis).
Die Kelten gaben sich nicht damit zufrieden, antike Gewohnheiten zu kopieren – sie passten sie ihren eigenen Ansprüchen an und schufen eine typische keltische Berufsgruppe: die **Barden**. Die Aufgabe der Barden bestand darin, bei Gelagen die Gäste mit Dichtungen und Gesängen zu unterhalten, wofür sie in sogenannten Dichterschulen sechs bis sieben Jahre ausgebildet wurden. Wie bei der Schulung der Druiden erfolgte die Ausbildung der Barden mündlich. Lieder, bekannte Epen und Sagen mussten auswendig gelernt werden. Ihre Heldengesänge begleiteten die Barden selbst mit einem harfeähnlichen Instrument. Die Tradition des harfespielenden Barden wurde besonders auf den Britischen Inseln bewahrt. Noch heute ziert die Leier das Wappen und viele Münzen der Republik Irland. So überdauerten Kultur und Bräuche bis in die Gegenwart – keltische Eigenheiten und Empfindungen wirken über ihre Zeit hinaus.

KELTISCHER JAHRESKREIS

Die wichtigsten keltischen Feiertage sind jene, die zwischen den Sonnenereignissen stattfinden (Mittenfeste).
Jedes Mittenfest beginnt 40 Tage nach dem Sonnenereignis und endet mit dem Vollmond.

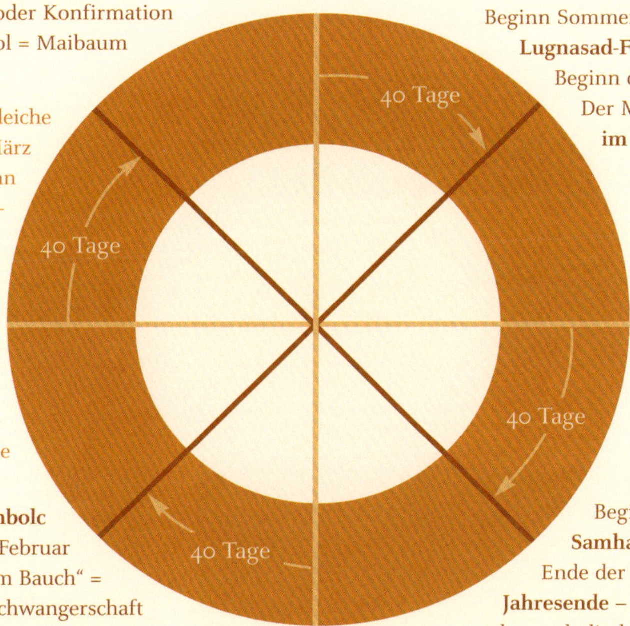

Frühlings-Mittenfest – **Beltene-Fest**
ca. 1. Mai, beginnt mit Walpurgisnacht
Dieses Fest wird mit dem Beginn der Jugend, **Geschlechtsreife** gleichgesetzt.
Heute: Jugendweihe oder Konfirmation
Symbol = Maibaum

Erwachsenwerden
Sommersonnenwende
ca. 21. Juni

Beginn Sommer-Mittenfest
Lugnasad-Fest, ca. 1. August,
Beginn der Ernte
Der Mensch ist
im besten Alter

Frühlings-Tag-Nacht-Gleiche
ca. 21. März
Der Frühlingsbeginn kann mit der **Geburt** gleichgesetzt werden.
Beleg dafür sind unsere Osterbräuche: Nestbau, Eierfärben und -verstecken, Küken, Lämmer etc.,
– alles Fruchtbarkeitssymbole und -rituale

Herbst-Tag-Nacht-Gleiche
ca. 21. September
Beginn des Alters

Mittwinterfest – Imbolc
ca. 1. Februar
wörtliche Übersetzung: „Im Bauch" = Schwangerschaft
Bolc steht vielleicht auch für unser heutiges Wort „Balg", also „Im Balg" und stammt aus dem Keltischen

Beginn Herbst-Mittenfest
Samhainfest, ca. 1. Nov.
Ende der Vegetationszeit/
Jahresende – Jahresbeginn
steht symbolisch für den **Tod und Neubeginn des Kreislaufs**

Wintersonnenwende
ca. 21. Dezember
an diesem kürzesten Tag und der darauf folgenden **Nacht stirbt der Sonnengott**, um am nächsten Morgen – neugeboren – wieder zu erstrahlen und von nun an immer höher zu steigen

Herbert Stütz

Statue eines keltischen Leierspielers, Fundort Gallien, 1. Jh. v. Chr.

Keltendarsteller mit nachgebauter Leier

Heute bekannte Sagen haben ihre Wurzeln oft in der keltischen Vergangenheit, Bräuche leben noch heute fort.

Dazu einige Beispiele: Zur Lichtmess, dem Nachfolger des Imbolcfestes (Mittwinterfest), wird noch in verschiedenen Orten der Rhön der Strohbär im Umzug mitgeführt, um später verbrannt zu werden. Wir wissen von Hexen und Dämonen in der Walpurgisnacht, von Mai- und Sonnenwendfeuern. Das bedeutendste Keltenfest war Samhain (Sommerende, Neujahr), das Anfang November gefeiert wurde. Halloween (vom Englischen: Abend des Allerheiligentages) hat seine Wurzeln in diesem uralten Fest unserer Vorfahren. Irische Auswanderer nahmen keltische Bräuche mit nach Amerika und von dort kehrte Halloween nach Europa zurück. Bevor Halloween von Amerika kommend in unseren Breiten zum Kult wurde, zogen abends die Kinder meiner Generation während der gleichen Jahreszeit mit ausgehöhlten Rübenmännchen durchs Dorf, um Furcht zu erregen. Bei den Kelten sollten die Rübenmännergesichter die bösen Geister aus der „Anderswelt" davon abhalten, wieder in unsere Welt zu kommen. Böse Geister waren böse Tode, die auch besonders bestattet worden waren. Als wichtigstes Fest im Jahr wurde und wird in Rhöner Landen um diese Zeit Kirmes gefeiert und in verschiedenen Orten lebt als Kirmesbrauch das Hahnenschlagen fort, jener Fruchtbarkeitsbrauch aus heidnischer Zeit, der an den gallischen Hahn erinnert.

Hexenspuk in Klings zur Walpurgisnacht

Mädchen mit Rübengespenst

links: Krieger mit Kriegstrompete

rechts: Verzierte Schwertscheiden

KELTISCHE KRIEGER

Einige charakteristische Merkmale der Kelten haben wir bereits aufgezählt, wenden wir uns den „blutrünstigen Kriegern" zu. Als gesetzlos, ungestüm, zäh, trotzig und unbeugsam wurden sie von ihren griechischen und römischen Nachbarn beschrieben. Einig war man sich: Die Kelten sind ein Volk der Krieger, gefährlich und kraftvoll. Blutige Kriege gehören zu ihrem Alltag. Daher wurden keltische Krieger auch gerne als Söldner angeworben.

Es waren nicht der militärische Organisationsgrad, sondern die Eigenschaften des einzelnen Kriegers, die seinen Ruhm ausmachten. „Sein alltägliches Leben war auf diese Funktion ausgerichtet und seine Einstellung zum Kriege führen eine gänzlich andere als jene römischer Legionäre oder der zum Militärdienst einberufenen griechischen Bürger" (T. Bader: Die Welt der Kelten: Vortragsreise in Hochdorf 1991–1995).

Weiter ist im „Karfunkel – Codex 2 – 2008" zu lesen: „Der einzelne Krieger war es, der den Stamm, die Familie, seinen Besitz verteidigte und mit der Kraft seiner Arme und der Schärfe seines Schwertes seinen Platz in der keltischen Welt einnahm und behauptete."

Schwert, Schild und Lanze waren die klassische Grundausstattung des keltischen Kriegers. Pfeil und Bogen waren verpönt, nur für die Jagd geeignet. Kurze einschneidige Schwerttypen gehörten eher der Hallstattzeit an, später waren es lange, zweischneidige Formen.

Wie die Schwerter wurden die Lanzen an der rechten Seite des Kriegers getragen. So hat man sie auch in Gräbern an der rechten Seite des Bestatteten gefunden.

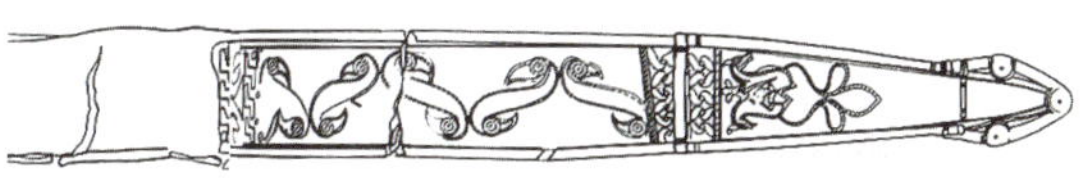

Einzug der Krieger (vor dem Keltendorf Sünna)

Carnyxbläser

Krieger und Reiter

Lanzen hatten längliche Spitzen und waren oft mit feinen Gravierungen verziert. Ebenso waren Schwertklingen und vor allem Schwertscheiden kunstvoll gestaltet. Die Schilde bestanden aus Holz. Nur der Schildbuckel, der die schildhaltende Hand schützte und in der Mitte des Schildes angebracht war, der Griff und verschiedene Beschläge waren aus Metall.

Überliefert sind Berichte, wonach die Krieger nicht selten zum Teil oder sogar ganz nackt in den Kampf zogen, ebenso oft mit blauer Körperbemalung. Auffällig ist auch, wie kostbar sie sich schmückten: mit Torques, Armringen und kunstvoll gearbeiteten Fibeln. Während einer Schlacht im Jahre 225 v. Chr. bei Telamon in Norditalien trugen die anstürmenden Kelten in der ersten Reihe gar goldene Torques und Armringe, so ist berichtet worden. Auch Helme hat man getragen, die immer wieder mit Tierfiguren geschmückt waren, sehr oft mit dem wilden Eber. Auch auf dem berühmten Kessel von Gundestrup sind zwei Reiter dargestellt, deren Helme mit einem Eber und zum anderen mit einem Vogel verziert sind. Um dem Gegner Angst und Schrecken einzujagen, nutzten die Krieger Kriegstrompeten, die Carnyx. Sie wurde zu Beginn einer Schlacht geblasen. Viele Carnyxbläser erzeugten einen solch scheppernden Lärm, der weithin schrecklich klang und Schlimmes ahnen ließ, dazu das ohrenbetäubende Geschrei heranströmender wilder Kämpfer.

Über die keltische Kampftaktik zu Pferde berichtete der griechische Geschichtsschreiber *Pausanias,* dass bei einem Vorstoß die keltischen Reiter in Dreiergruppen operierten; ein vornehmer Reiter, der mit zwei Begleitern gemeinsam kämpfte. Auch Kampfwagen waren bekannt. Obwohl im Kampf Mann gegen Mann der Kelte überlegen war, so war er als Einzelkämpfer gegen eine römische Militärabteilung unterlegen.

Die gut organisierten römischen Legionen unter Führung Cäsars eroberten 52 v. Chr. Gallien, das daraufhin römische Provinz wurde. Die Epoche der Kelten ging zu Ende. Waren es vom Süden die Römer, so drangen vom Norden die Germanen ein. Die Menschen, die blieben, wurden Gallo-Römer. Die keltische Kultur aber blieb in Rückzugsgebieten erhalten, in denen von den Römern nichts zu holen war, die schottischen Highlands, Irland, Wales.

DIE RELIGION - GÖTTER, DRUIDEN, RITUALE

Was wir von der religiösen Weltvorstellung der Kelten wissen, ist äußerst lückenhaft. „Der modernen Forschung ist es bisher nicht gelungen, das Weltbild der ‚heidnischen Kelten' zu entschlüsseln und darzustellen" (Maier, Bernhard, Die Religion der Kelten, München 2001).

Der Glaube selbst hinterließ keine sichtbaren Spuren und schriftliche Dokumente der vorchristlichen Kelten gibt es nicht.

„Das hinderte allerdings moderne Autoren nicht daran, ganze Bibliotheken mit keltischen Dies- und Jenseitsvorstellungen zu füllen. Die Zahl wissenschaftlicher Publikationen nimmt sich dagegen recht bescheiden aus." (Maier, Bernhard: Die Religion der Kelten, München 2001)

Erhaltene Quellen und archäologische Forschungen verschaffen einen Einblick in die religiösen Vorstellungen und Praktiken der „heidnischen" Kelten.

Kelten glaubten an **Götter**, von deren Wirken sie die Vorgänge in der Natur und ihrem Leben ableiteten. Verwirrend das Götterbild. Von den weit über 400 überlieferten Götternamen in Gallien erscheinen nur 300 ein einziges Mal, bei denen es sich um regionale Stammesgötter handeln dürfte, auf einen Ort oder auf ein einziges Heiligtum beschränkt. Wie Opferfunde belegen, spielten Fruchtbarkeitsgötter eine gewichtige Rolle. Oftmals künden noch heute Fluss-, Orts- und Landschaftsnamen von keltischen Gottheiten, wie z. B. Rhenus (Rhein), Sequana (Seine) oder Vogesus (Vogesen).

Der Cernunnos auf dem Kessel von Gundestrup

So könnte der Stein mit dem Geweihgott vom Öchsen ausgesehen haben

Flüsse und Seen wurden als Heiligtümer oder Sitz von Gottheiten verehrt. Sie und markante Landschaften, z. B. Bergkuppen u. a., waren in der vorchristlichen Zeit auch Opferplatz.
Auf dem in Dänemark gefundenen Kessel von Gundestrup erkennen wir eine der bekanntesten Gottheiten: den Cernunnos, oder auch der „Gehörnte", der häufig mit Hirschgeweih, einem Torques und einer Schlange abgebildet wird. Er wird als Gott der Tiere interpretiert, aber auch als Gemahl von Gaia, der Fruchtbarkeitsgöttin.
Gegenüber den Abbildungen ist Cernunnos nur ein einziges Mal belegt, und zwar auf dem sogenannten „Nautenpfeiler" in Paris. Abgebildet ist der gehörnte Gott auf einem gallo-römischen Relief aus Reimes.
Der 1835 von Pfarrer Büff beschriebene, am Riemen bei Völkershausen gefundene Stein ist ein Beleg dafür, dass der Hirschgott sogar in der Rhön verehrt wurde. Ein Hinweis, dem die Archäologen bisher noch nicht nachgegangen sind.
Ogmios ist als Gott der Unterwelt belegt, als Führer der Toten. Weniger bekannt sind die Funktionen der wohlklingenden Götternamen, wie Teutates, dem Gott der Stammesgemeinschaft, und Belenus, der für Sonne und Feuer stand, um es bei diesen Beispielen zu belassen.
Bestandteil der Religion der Kelten waren ihre **Rituale**, die Verehrung ihrer Heiligtümer. Zu den rituellen Handlungen zählten das Opfern und religiöse Jahresfeiern, von denen bereits berichtet wurde. Menschenopfer waren bekannt, doch ausgewiesene archäologische Knochenfunde belegen, dass fast ausschließlich Haustiere geopfert wurden. Oft versenkte man auch Gegenstände, wie z. B. Waffen, als Opfergaben in Seen, Quellen, Flüssen, Sümpfen und Mooren. Es waren Bitt- oder Dankopfer. Diese Sitte, die weit in die vorkeltische Zeit zurückreicht, war weit verbreitet.
Aus den zahlreichen Grabbeigaben von Alltagsgegenständen, Nahrung und Kleidung, sogar auserlesenem Schmuck und Waffen lassen sich die Jenseitsvorstellungen der Kelten ableiten. Den Verstorbenen sollten die Beigaben als Gebrauchsgegenstände in der jenseitigen Welt weiter dienen. Zum anderen zeugten besonders wertvolle Beigaben, wie z. B. die reichlich verzierten Schnabelkannen, Torques und Fibeln, vom Reichtum und der Stellung der hier Bestatteten. Hochgestellte Personen wie die Keltenfürsten wurden für das Jenseits reich ausgestattet, wovon sogar vierräderige Wagen zeugen, auf die der tote Fürst gebettet wurde oder man legte aufwendig gearbeitetes Pferde- und bronzenes Tafelgeschirr darauf, wie ein Fund aus dem Hochdorfer Fürstengrabhügel zeigt. In Gräbern wurden aber auch Gebrauchsgegenstände und Waffen gefunden, die unbrauchbar gemacht worden waren. Befürchtete man die Wiederkehr von Toten, die vor ihrer Zeit gestorben sind?
Die vielbeschworenen Rituale zum Vertreiben böser Geister – irgendwelche Feuer gab es fast während jedem Fest – dienten offensichtlich dazu, die Wiederkehr von bösen Toten aus der Anderswelt abzuwenden. Böse Tote waren jene, die zu Lebzeiten als böse galten.
Eine Beschreibung aus der Feder des römischen Gelehrten Dinus des Älteren über ein Opferritual hat unsere Vorstellungen von den **Druiden** maßgeblich beeinflusst. Doch schon vorher befassten sich Strabon, Diodorus und vor allem Julius Cäsar mit dieser Thematik.
An der Spitze der gallischen Gesellschaft standen nach Cäsar die Ritter und Druiden. Die Druiden durchliefen eine zwanzigjährige Ausbildung und mussten die vielen Verse, das Wissen der Ahnen, auswendig lernen. Es sollte nicht allgemein bekannt werden. Von Abgaben und dem Kriegsdienst befreit, oblag es ihnen, als oberste Priester-

Druiden

schaft die keltischen Feste und Opferrituale auszurichten. Sie waren auch für die Rechtsprechung zuständig.
Druiden und Dichter, bzw. Sänger und Erzähler (Barden) wurden oft in engem Zusammenhang gesehen, zum Teil auch getrennt dargestellt. Auch sollen Druiden nicht selten Häuptlinge gewesen sein. Der Name Druide ließ sich vom griechischen Wort *drys* ableiten, was Eiche bedeutet. Die Eiche war den Kelten ein besonders heiliger Baum, wie man auch die Mistel („Die alles Heilende") verehrte. Jedoch wurde das Wort „Druide" ursprünglich als „Weisheit" ausgelegt. Eine wichtige Aufgabe der Druiden war ihre Rolle als Weissager des Götterwillens oder als Zukunftsdeuter anhand von Tierverhalten und anderen Naturerscheinungen. Sie werden in vielen Quellen als Astronomen und Astrologen bezeichnet. Bei Cäsar ist zu lesen: „Sie stellen häufig Erörterungen an über die Gestirne und ihre Bahn, über die Größe der Welt und des Erdkreises, über die Natur der Dinge ..."
Als Mittler zwischen der Welt der Götter und den Menschen nahmen die Druiden innerhalb der Stämme eine einzigartige Machtposition ein. Kein Wunder, dass sie neben dem Kriegsadel von den Römern besonders intensiv verfolgt wurden.

Heiliger Baum – die Eiche

FÜRSTENSITZE UND SIEDLUNGSSTRUKTUR

Eine herausragende Stellung in der keltischen Gesellschaft hatten ihre Fürsten, reich geworden durch die ertragreiche Landwirtschaft, die Erzeugnisse des erfinderischen Handwerks, den florierenden Handel und nicht zuletzt durch kriegerischen Beute und Plünderungen. Der keltische Adel, die gesellschaftliche Struktur und die Produktionsweise bestimmten die Siedlungsstruktur jener Zeit. Das keltische Siedlungswesen änderte sich im Verlauf der vorrömischen Eisenzeit. Zur Hallstattzeit dominierten „Höhensiedlungen" und offene Siedlungen, während später in der Latènezeit Oppida (stadtähnliche Siedlungen), die Zentralfunktion der Höhensiedlungen einnahmen.
Kleine keltische Siedlungen waren lockere Dörfer, bestehend aus Grubenhäusern und obertägigen Wohnstallhäusern sowie Speichern, die aus Flechtwerk, Lehm, Stroh und Holz erbaut wurden. Herren- oder auch Fürstensitze waren auf einem Berg durch Maueranlagen geschützte Siedlungen. Durch von Wallanlagen befestigte Höhensitze, von denen aus die Handelswege kontrolliert werden konnten, zeigten die Fürsten ihren Machtanspruch.
„Kaum ein Berg mit den nötigen Voraussetzungen – steile Flanken, anstehendes Gestein zum Mauer-

bau –, der nicht im Mittelgebirgsraum okkupiert war. Bis in Höhen von 1000 Metern errichtete man monumentale Wälle, manche vier, fünf Kilometer lang. Diese Anlagen gehören zu den bemerkenswertesten Hinterlassenschaften der späten Hallstatt- und frühen Latènezeit. Als Denkmäler menschlichen Behauptungswillens krönen sie heute noch zu Hunderten die Gipfel. Wessen Schultern solch gewaltige Leistungen trugen, entzieht sich hartnäckig der Erforschung." (T. Klein: 100 Wege zu den Kelten)

Ein herausragendes Beispiel mit überregionaler Bedeutung ist der Fürstensitz Glauberg am Ostrand der Wetterau in Hessen. „Am Fuße des Glauberges wurde schließlich wahr, was einige Forscher lange erhofft hatten: Ein frühkeltisches Fürstengrab wurde gefunden, eines der bedeutendsten seiner Zeit in Mitteleuropa, der bedeutendste Neufund des 5. Jh. v. Chr. und der sensationellste vorgeschichtliche Fund in Deutschland seit Hochdorf in Baden/Württemberg im Jahre 1978 ..." (Karl Weber: Das Rätsel der Kelten vom Glauberg, 2002).

Das Besondere der Entdeckungen vom Glauberg: hier wurden vier lebensgroße, vollplastisch gestaltete Kriegerstatuen aus dem Umfeld des Fürstengrabhügels gefunden, davon eine nahezu unbeschädigt und fast komplett (ohne Füße). Gräber und ihre Ausstattung sind erforscht und Schlüsse über die Siedlungsstruktur gezogen worden. Die Befestigungen des Berges, die heute zu Wällen verstürzten Mauern, wurden als Holz-Stein-Erde-Mauern erkannt, die eine Fläche von 8 ha umschließen.

Die lebensgroßen Statuen geben ein Bild von der Kleidung des Kriegers, dem Schild und Schmuck als Insignien seiner Macht ab.

Die reichen Gräber vom Glauberg werfen die Frage nach der Quelle des Wohlstandes der hier

Grubenhaus im Keltendorf Sünna

Rutengeflecht

Verschiedene Bauweisen von Steinwällen (Modelle im Steinsburgmuseum)

Bestatteten auf. Es wird angenommen, dass die keltischen Fürsten vom Glauberg die Salinen im Bereich des heutigen Bad Nauheim nutzten, um damit Salz zu gewinnen, eine ergiebige und begehrte Handelsware. Bei Grabungen sind 2001 mehrere hundert Meter große Salzgewinnungsanlagen entdeckt worden.
Bald wird ein neues, großes Museum umfassend über den so bedeutenden Fürstensitz am Glauberg informieren.

So weit unser Exkurs in die Geschichte der Kelten und der Versuch, darzustellen, wer die Kelten waren. Folgende Kapitel behandeln ausführlich, wo und wie die Kelten in der Rhön, im Fuldaer Land und im Grabfeld lebten. Schließlich werden sich Details zum Ganzen fügen. Die gewonnenen Erkenntnisse können bestätigen, was vorher allgemein über die Kelten geschrieben worden ist.

Die Rhön, das Land der offenen Fernen, auch Buchonia genannt, zählt zu den schönsten deutschen Mittelgebirgen. Eine vielfältige, reizvolle Landschaft mit ihrer besonders bunten Pflanzen- und Tierwelt prägen ihren unverwechselbaren Charakter, ihre eigenen Werte.
Vor Jahrmillionen schufen feurige Vulkane die basaltenen Bergeshöhen, von denen man weit ins Land sehen kann. Zwischen anmutigen Bergen liegen sanfte Täler, geschmückt von Dörfern und Städtchen mit roten Ziegeldächern und einigen gut erhaltenen Fachwerkhäusern. Fleißige Menschen leben hier, die über viele Generationen die Kulturlandschaft Rhön mitgestaltet haben.
Inmitten Deutschlands gelegen ist die Rhön im weitesten Sinne im Länderdreieck der Bundesländer Bayern, Hessen und Thüringen zu finden. Zwischen den Flüssen Werra und Fulda, Fränkische Saale und Sinn, vom thüringischen Vacha im Werratal über 60 km bis zum bayerischen Bad Brückenau und vom hessischen Fulda über 40 km nach Osten bis zum thüringischen Meiningen erstreckt sich die Rhön, das Land der Buchen. Große Teile dieser Landschaft wurden von der UNESCO als Biosphärenreservat geadelt mit dem

Der Fürst vom Glauberg

Rekonstruiertes Hügelgrab am Glauberg mit Kalendarium (Holzpfosten)

Ziel, die einzigartige Kulturlandschaft mit fast intakter Natur für künftige Generationen zu erhalten. Geologisch und geographisch in untrennbarer Nachbarschaft befinden sich in südöstlicher Richtung das Grabfeld und südwestlich das Fuldaer Land.

Schmuck im Museum Glauberg

Vor über 2000 Jahren lebten auf den basaltenen Bergkuppen, an Hängen und in den weiten Tälern die Kelten. Hier wurde Landwirtschaft betrieben und Salz gesiedet, Eisenerze geschürft und verarbeitet, Handel getrieben.

Wir gehen auf Spurensuche und wollen herausfinden, wo und wie die geheimnisvollen keltischen Familien- und Stammesverbände in der Rhön siedelten und lebten. Weil archäologische Forschungen und ihre wissenschaftliche Auswertung von den einzelnen Landesämtern für Archäologie und Denkmalpflege in Bayern, Hessen und Thüringen vorgenommen wurden, wollen wir ihre Ergebnisse auf die Länder bezogen darstellen. Schließlich möchten wir zusammenfügen, was zusammengehört: die Kelten in der thüringischen, bayerischen und hessischen Rhön lebten in einem Lebensraum: in der Landschaft der Rhön, im Fuldaer Land und im Rhön-Grabfeld.

Anschaulich zeigt eine Übersichtskarte, wo Wallanlagen auf Rhönbergen, Gräberfelder und bedeutende Einzelfunde von Archäologen entdeckt worden sind. Die Karte wurde von Walter Jahn aus dem fränkischen Ostheim angefertigt.
Die bedeutendsten Oppida befanden sich auf der Milseburg und auf dem Kleinen Gleichberg bei Römhild. Funde überregionaler Bedeutung sind die Schnabelkanne von Borsch, die Ostheimer Maskenfibel und die Fibeln von der Steinsburg auf dem Kleinen Gleichberg sowie das Wagengrab von Großeibstadt.

Skythische Reiter im Keltendorf Sünna in der Rhön

Blick vom Baier: Rhönlandschaft mit dem Dorf Oechsen, dem Arzberg und dem Hessischen Kegelspiel

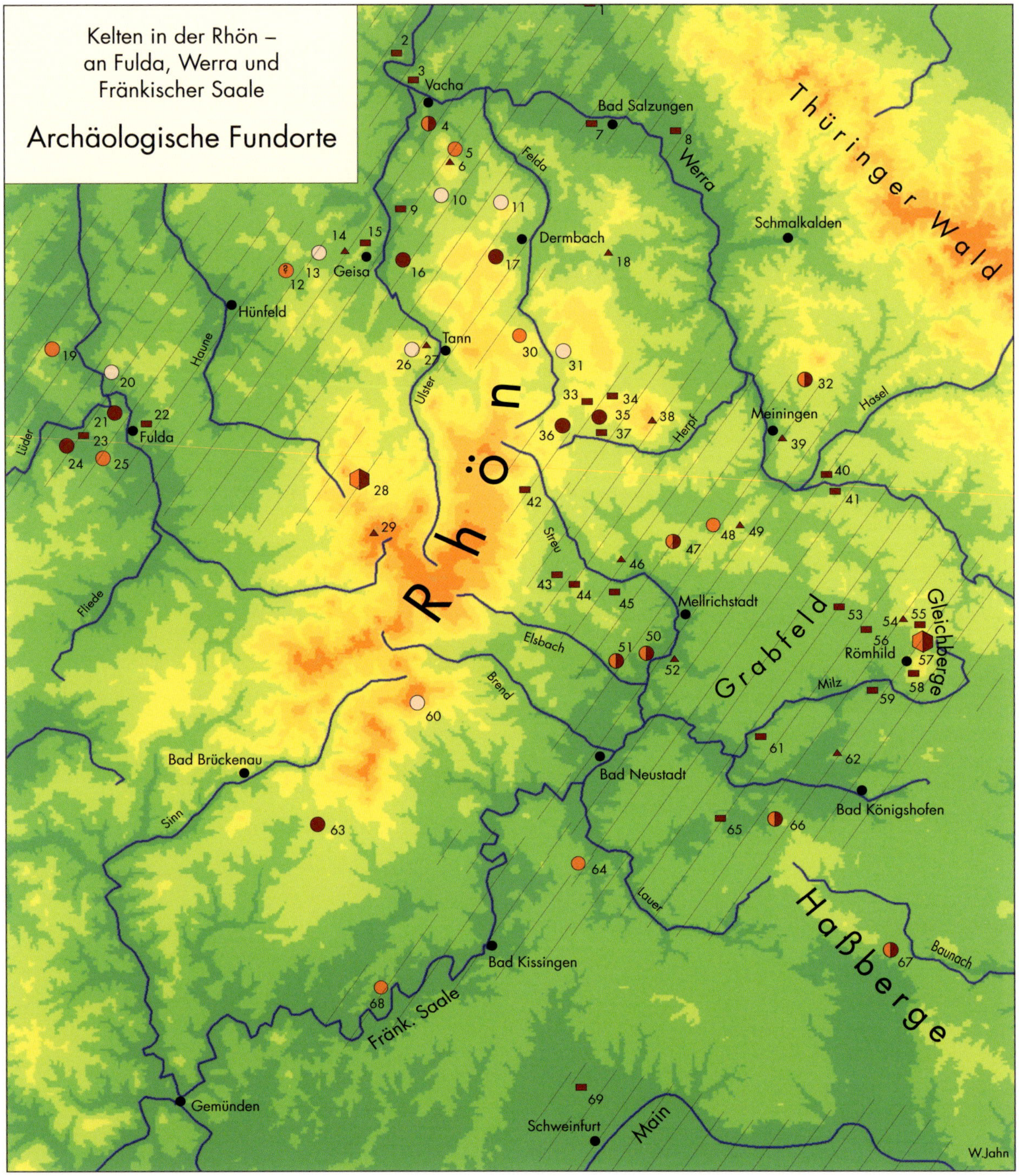

10 km

- Höhenbefestigung mit hallstattzeitlichen Funden
- Höhenbefestigung mit latènezeitlichen Funden
- Höhenbefestigung mit hallstattzeitlichen und latènezeitlichen Funden
- Große stadtähnliche Höhenbefestigung mit hallstatt- und latènezeitlichen Funden
- Vermutlich vorgeschichtliche Höhenbefestigung ohne Funde (Auswahl)

Hügelgräber der Hallstattzeit sind im Bereich der Karte in sehr großer Anzahl bekannt – sie sind hier nicht kartiert.

- Grab oder Gräberfeld der Latènezeit
- Besonderer Einzelfund der Latènezeit (Auswahl)
- Siedlungskammer durch Konzentration von Fundstellen erschlossen

LISTE ZUR FUNDORT-KARTE

Nr.	**Höhenbefestigungen:** Berg (naher Ort, Landkreis)	Innenfläche in ha
4	Öchsen (Völkershausen/Sünna bei Vacha, Wartburgkreis)	12,0
5	Geiskopf am Dietrichsberg (Wölferbütt, Wartburgkreis)	0,2
10	Arzberg (Otzbach, Wartburgkreis)	1,0?
11	Baier (Weilar, Wartburgkreis)	3,0
12	Stallberg (Rasdorf, Lkr. Fulda)	6,0
13	Kleinberg (Großentaft, Lkr. Fulda)	1,0
16	Schleidsberg (Schleid, Wartburgkreis)	1,0?
17	Hessenkuppe (Dermbach, Wartburgkreis)	3,8
19	Sängersberg (Bad Salzschlirf, Lkr. Fulda)	9,0
20	Görzberg (Lüdermünd, Lkr. Fulda)	1,0?
21	Schiebberg (Lüdermünd, Lkr. Fulda)	6,0?
24	Heidenküppel (Unterbimbach, Lkr. Fulda)	0,3
25	Haimberg (Haimbach, Lkr. Fulda)	1,3
26	Habelberg (Tann, Lkr. Fulda)	?
28	Milseburg (Danzwiesen, Lkr. Fulda)	32,0
30	Höhn (Diedorf, Wartburgkreis)	?
31	Umpfen (Kaltennordheim, Wartburgkreis)	?
32	Dolmar (Kühndorf, Lkr. Schmalkalden-Meiningen)	7,3
35	Diesburg (Wohlmuthausen, Kr. Schmalkalden-Meiningen)	0,5
36	Alte Mark (Erbenhausen, Lkr. Schmalkalden-Meiningen)	0,4
47	Hohe Schule (Eußenhausen, Lkr. Rhön-Grabfeld)	5,5
48	Henneberg (Henneberg, Lkr. Schmalkalden-Meiningen)	0,7
50	Eiersberg (Mittelstreu, Lkr. Rhön-Grabfeld)	1,3
51	Rehberg/Schwedenschanze (Wechterswinkel, Lkr. Rhön-Grabfeld)	2,5
57	Steinsburg (Römhild, Lkr. Hildburghausen)	66,0
60	Kreuzberg (Bischofsheim, Lkr. Rhön-Grabfeld)	7,0
63	Mettermich (Schondra, Lkr. Bad Kissingen)	4,5
64	Michelsberg (Münnerstadt, Lkr. Bad Kissingen)	13,5
66	Judenhügel (Kleinbardorf, Lkr. Rhön-Grabfeld)	13,0
67	Schwedenschanze (Hofheim, Lkr. Haßberge)	3,0
68	Schwedenschanze (Elfershausen, Lkr. Bad Kissingen)	12,5

Hügelgräberfelder der Hallstattzeit (800–450 v. Chr.) sind im Gebiet der Karte in sehr großer Zahl bekannt, sie sind hier nicht aufgeführt.

Nr.	**Grab oder Gräberfeld der Latènezeit (450 – um Chr. Geburt)** Ort (Landkreis), Befund
1	Fernbreitenbach (Wartburgkreis), Grabfunde
2	Wölfershausen (Lkr. Hersfeld-Rotenburg)
3	Philippsthal (Lkr. Hersfeld-Rotenburg)
7	Leimbach (Wartburgkreis), großes Körper- und Brandgräberfeld
8	Barchfeld (Wartburgkreis), Grabfund?
9	Borsch (Wartburgkreis), kleines Hügelgräberfeld – Bronzekanne
15	Geisa (Wartburgkreis), Grabfunde
22	Stöckels (Lkr. Fulda), kleines Körpergräberfeld
23	Oberbimbach (Lkr. Fulda), Nachbestattung in Hügelgrab
33	Oberkatz (Lkr. Schmalkalden-Meiningen), Grabfunde
34	Unterkatz (Lkr. Schmalkalden-Meiningen), Grabfunde
37	Wohlmuthausen (Lkr. Schmalkalden-Meiningen), Grabfunde
40	Einhausen 1 (Lkr. Schmalkalden-Meiningen), Körpergräberfeld
41	Einhausen 2 (Lkr. Schmalkalden-Meiningen), Körpergräberfeld
42	Fladungen (Lkr. Rhön-Grabfeld), Körpergrab
43	Urspringen (Lkr. Rhön-Grabfeld), Nachbestattung
44	Sondheim v. d. Rhön (Lkr. Rhön-Grabfeld), Nachbestattung
45	Ostheim v. d. Rhön (Lkr. Rhön-Grabfeld), 3 Körpergräber
53	Queienfeld (Lkr. Schmalkalden-Meiningen), Brandgräberfeld
55	Haina/Dingsleben (Lkr. Hildburghausen), Brandnachbestattung
56	Wolfmannshausen (Lkr. Schmalkalden-Meiningen), Nachbestattung
58	Römhild/Merzelbachwald (Lkr. Hildburghausen), 18 Brandnachbsttgen
59	Milz (Lkr. Hildburghausen), Brandnachbestattung
61	Waltershausen (Lkr. Rhön-Grabfeld), kleines Brandgräberfeld
65	Großbardorf (Lkr. Rhön-Grabfeld), Brandnachbestattung
69	Hambach (Lkr. Schweinfurt), Körpergrab

Nr.	**Bedeutende Einzelfunde der Latènezeit** (Auswahl) Ort (Landkreis), Fund
6	Deicheroda (Wartburgkreis), Bronzehalsring
14	Rasdorf (Lkr. Fulda), 2 keltische Goldmünzen
18	Roßdorf (Lkr. Schmalkalden-Meiningen), Vogelkopffibel
27	Tann/Habelberg (Lkr. Fulda), eisernes Schwert
29	Gersfeld/Wasserkuppe (Lkr. Fulda), eiserne Lanzenspitze
38	Geba (Lkr. Schmalkalden-Meiningen), keltische Goldmünze
39	Meiningen (Lkr. Schmalkalden-Meiningen), keltische Goldmünzen
46	Ostheim v. d. Rhön (Lkr. Rhön-Grabfeld), bronzene Maskenfibel
49	Bauerbach (Lkr. Schmalkalden-Meiningen), keltische Goldmünze
52	Mittelstreu (Lkr. Rhön-Grabfeld), keltische Goldmünze
54	Haina (Lkr. Hildburghausen), keltische Goldmünze
62	Aubstadt (Lkr. Rhön-Grabfeld), Hort aus 23 Eisenbarren

AUF SPURENSUCHE IN DER THÜRINGISCHEN RHÖN UND IM THÜRINGISCHEN GRABFELD

WALTER HÖHN

Die Landschaft der thüringischen Rhön zwischen Werratal und dem Ellenbogen bei Frankenheim besteht aus der sogenannten Kuppen- oder auch Vorderrhön und Teilen der Hohen Rhön. Die thüringische Rhön und das thüringische Grabfeld sind Teil Südthüringens. Das thüringische Grabfeld erstreckt sich östlich von Meiningen bis in den Raum um Römhild.

Ihr Territorium der thüringischen Rhön teilen sich der Wartburgkreis, die Landkreise Schmalkalden/Meiningen und Hildburghausen.

Viele Basaltberge zwischen 500 m und ca. 800 m Höhe boten sich geradezu an, auf ihnen mit Steinwällen bzw. -mauern gesicherte Siedlungen und Fürstensitze zu errichten. Hier konnten die keltischen Familien- und Stammesgemeinschaften

Rhönlandschaft bei Sünna mit dem Ulsterberg

Auf der heutigen B 84 führte einst die uralte Handelsstraße entlang

Die Gleichberge bei Römhild

geschützt leben. Hier sprudelten die Quellen und fruchtbare Basaltverwitterungsböden versprachen gute Ernten, schmackhafte Weiden und Futter für die Haustiere. Von hier oben konnten die nah gelegenen Handelsstraßen, die Furte über die Werra gut kontrolliert und nahende Feinde rechtzeitig erkannt werden.

Die größte und wohl auch bedeutendste keltische Siedlung ganz Thüringens befand sich auf dem Kleinen Gleichberg bei Römhild. Die weithin sichtbar befestigte Höhensiedlung im nördlichen Grabfeld thront auf Bergen vulkanischen Ursprungs, die zwischen 600 m und 700 m hoch sind.

Bereits in der Urnenfelder Stufe der jüngeren Bronzezeit (1200 bis 800 v. Chr.) wurden auf beiden

Der Kleine Gleichberg mit der keltischen Steinsburg

Gleichbergen erstmals Befestigungen errichtet. Mit dem Einzug und der Verbreitung der Eisenverhüttung und -bearbeitung stieg die Anzahl der Bevölkerung in Südthüringen bis zum 6. Jh. v. Chr. Archäologische Untersuchungen im größten eisenzeitlichen Grabhügel Südthüringens im Merzelbachwald am Fuße des Großen Gleichberges belegen das.

Während der Latènekultur errichteten die Kelten im Vergleich zu den Vorgängern auf dem Kleinen Gleichberg eine weitaus mächtigere Befestigung. 4–5 m hohe Mauern, die ohne Holzverbund aus aufgeschichteten Basaltblöcken bestanden, umwehrten eine Fläche von 68 ha.

Die hier etwas später entstandene stadtähnliche Siedlung wurde zum größten Oppidum Thüringens, ihr Name: **Steinsburg**. Am nördlichen Einflussgebiet der Kelten wurde die Steinsburg zum politischen, wirtschaftlichen und kulturellen Zentrum. Der Fundreichtum aus jener Zeit ist ein Beweis für den regen Handel auf den an den Gleichbergen vorbeiführenden Wegen vom Maingebiet in das Thüringer Becken.

Zu den bedeutendsten Produktionsfeldern gehörten neben der Landwirtschaft das Schmiedehandwerk, die Holz- und Textilverarbeitung und die Töpferei. Bedeutende Funde, wie Fibeln und bunter Glasschmuck, Münzen, Kleidung und Waffen, aber auch die Darstellung von Rennfeuer- und Töpferöfen sowie Drehmühlen, das Modell einer Steinmauer und vieles mehr sind im Steinsburgmuseum zu besichtigen. Darüber mehr im Kapitel über die Museen in der Rhön. Besondere Verdienste um die Erforschung der Steinsburg erwarb sich

Steinwall und Mauerreste auf der Steinsburg

der Hennebergische Altertumsforschende Verein in Meiningen, der 1832 von Ludwig Bechstein gegründet worden war.
Ein archäologischer Wanderweg führt auf die Steinsburg. 11 Schautafeln des Thüringischen Landesamtes für Denkmalpflege und Archäologie geben Auskunft über Relikte aus der Keltenzeit. Beeindruckend sind die Naturerlebnisse und die herrlichen Ausblicke beim Wandern auf der Steinsburg.
Die Zeit der Ansiedlung keltischer Stämme in Südthüringen wird archäologisch durch Flachgräber belegt, die u. a. auch in Unterkatz und Einhausen gefunden und im 4. bis 3. Jh vor unserer Zeit angelegt worden waren. Nur wenige Kilometer von den Gleichbergen entfernt befinden sich offene Sied-

Auf dem Gipfel der Steinsburg

Leberblümchen

Modell eines Keramikbrennofens im Steinsburgmuseum

lungen in Jüchsen und Haina, auch in Sülzfeld. Systematische Flächenausgrabungen wurden hier und besonders auf der **Widderstatt bei Jüchsen** vorgenommen und in den 50er Jahren ein Platz entdeckt, auf dem seit Ende des 6. Jh. v. Chr. mehrere Gehöfte standen.

Keramikproduktion

Zu den Neuerungen im Wirtschaftsleben, die durch die Kelten nach Mitteleuropa gebracht wurden, gehört die Töpferscheibe.
Seit dem 4. und 3. Jh. v. u. Z. findet sich Drehscheibenkeramik in Siedlungen und Gräbern. Ihr Anteil am Geschirr des Haushaltes steigt gegenüber der handgemachten Tonware im 2. und 1. Jh. v. u. Z. auf bis zu 8% an. Ein Wirtschaftsgebäude auf der Widderstatt bei Jüchsen erbrachte 30%, die Steinsburg insgesamt etwa 25% Drehscheibenkeramik.
Die Herstellung der qualitätvollen Irdenware erfolgte nicht mehr im Hauswerk, sondern in spezialisierten Werkstätten. Eine technische Verbesserung erfuhr das Brennverfahren durch den Einsatz vertikaler Zweikammeröfen. Die in die Erde eingetieften Anlagen bestanden aus Brenn- und Feuerungsraum. Beide waren durch eine Lochtenne getrennt.
Töpferöfen standen auf der Widderstatt bei Jüchsen. Am Nordrand des Mittelgebirges konnte in Gotha eine Werkstatt zur Herstellung von Drehscheibenkeramik lokalisiert werden. Von dort kamen auch Keramikfunde im Gleichberggebiet.

Dr. Thomas Grasselt, Gebietsreferent für archäologische Denkmalpflege in Mittelthüringen, arbeitete das umfangreiche Fundmaterial auf und schreibt dazu in seinem Buch „Die Siedlungsfunde der vorrömischen Eisenzeit von der Widderstatt bei Jüchsen": „Auf der Widderstatt bei Jüchsen wurden 11200 m^2 geschlossene Fläche zwischen dem Lauf des Baches und der anschließenden Hochfläche Totenmann untersucht. Die Siedlung wurde mittels 70–80 m langer und 2 m breiter, Nordost-Südwest verlaufender Schnitte erschlossen."
In seinem Buch behandelt T. Grasselt die Kleinfunde und das keramische Material der hallstatt- und latènezeitlichen Siedlungen von Jüchsen. Gewertet wurden z. B. Nadeln, ausführlicher die Fibeln, Ringschmuck wie Ohrringe, Halsringe, Armringe und -reifen, Glasarmringe und Ringperlen, Fingerringe, Schmuckketten, Perlen aus Glas, Bernstein, Ton und Bronze, Toilettengeräte und medizinische Instrumente, Waffenteile, Schlüssel, Werkzeuge und Gerät, z. B. zur Metall- und Holzbearbeitung, landwirtschaftliches Gerät wie Sensen, Pflüge und Laubmesser, Haushaltsgeräte, Werkzeug und Gerät zur Textilherstellung wie Spinnwirtel und Webgewichte, Nähnadeln, Tonstempel u. a. Umfangreich behandelt ist auch die Keramik. So wurden 51195 handgemachte Scherben ausgezählt, die verschiedensten Schüsseln benannt, Töpfe und Krüge, alles, was Drehscheibenware ausmacht.
„Die handgefertigte Keramik belegt mit dem vorhandenen Formen- und Verzierungsgut eine kontinuierliche Besiedlung der Widderstatt von der Späthallstatt – bis in die Spätlatènezeit", fasst T. Grasselt die Ergebnisse der Keramikuntersuchungen zusammen.
Wichtige Erkenntnisse über die Siedlungsstruktur und den Hausbau vermittelte die Entdeckung von Hofverbänden. „Als Hauptgebäude des Dorfes fungierte ein bis zu 18 m langes und 6 m breites Haus. Pfosten und Doppelpfostenreihen mit Flechtwerkwänden, First- und Beifirstträgerkombinationen waren noch erkennbare Konstruktionselemente. Der Hauseingang war traufseitig angebracht, und der eigentliche Wohn- und Aufenthaltsraum gab sich als aus Muschelkalkplatten gesetzte Herdstellen zu erkennen. Einige Häuser besaßen auch Stall-

Beispiele aus der Sagenwelt, deren Wurzeln in die Keltenzeit zurückreichen könnten: links: Der Otterkönig von Baier liebt sein Krönlein mehr als sein Leben

rechts: Wenn vom Riesen Mils erzählt wird, fürchten sich die Kinder noch heute

teile." (Sigrid Dusek: Früh- und Urgeschichte Thüringens, Beitrag von T. Grasselt)
Soweit einige Aspekte der wissenschaftlichen Aufarbeitung der Siedlungsfunde bei Jüchsen.
Nicht so groß und gewaltig wie die Steinsburg und doch sehr beeindruckend ist die befestigte Höhensiedlung, bzw. der von Wallanlagen gesicherte Keltensitz auf dem **Öchsenberg** bei Vacha.
Die beiden nördlichsten Berge der Rhön sind der Öchsen- und der Dietrichsberg, der eine 630 m und der andere 668 m hoch – beide nicht mehr ganz so hoch, weil auf dem einen Basalt abgebaut wurde und dem anderen noch wird.
Viele Jahrhunderte und der Basaltabbau haben dafür gesorgt, dass beide Berge ihre Geheimnisse weitgehend verbergen konnten. Doch Reste von Wallanlagen auf dem Öchsen, Funde und Ergebnisse archäologischer Forschungen haben bewiesen, dass auch hier Kelten lebten.
Sagen vom Öchsen- und Dietrichsberg, den nahen Fluren und Orten haben ihre Wurzeln in der Keltenwelt. Die Wunderblume erschloss unterirdische

Der Öchsenberg von Vacha aus gesehen

Georg Franz Büff, 23.4.1786–6.5.1869, Pfarrer in Völkershausen von 1811–1869

Reichtümer der auf den Bergen lebenden Herrscher. Der böse Ritter von Dietrichsberg köpfte seine Frauen und goss ihr Blut in einen Kessel. Von Deicheroda flogen die wilden Jäger mit schaurigem Getöse auf den Berg und danach gab es immer gute Ernten. Sagenumwoben sind auch der Baier und die Milseburg.

Die Geheimnisse der beiden Rhönberge Öchsen und Dietrich wurden bereits vor dem Basaltabbau enträtselt. Schon Pfarrer Büff, von Mundartdichter August Herbart als sehr gütiger Mann beschrieben, beschäftigte sich mit den Steinwällen auf dem Dietrich und berichtete schon 1835 von einem höchst seltsamen, sensationellen Fund:

„Ich habe das Bild selbst in den Händen gehabt. Es war grob in Stein gehauen, etwas über einen Schuh lang (ca. 28cm) und ein Brustbild. Die Gesichtszüge waren jedoch deutlich. Ein starker Bart umhing das Kinn. Am Kopf in der Gegend der Schläfen befanden sich einige kurze, empor stehende Auswüchse. Man hätte es für einen Pan oder Jupiter Amon halten können. (Lüden(r): Geschichte der Deutschen, Bd. I, S. 264). Möchte zwar mit Tacitus gern die Götterbilder den heidnischen Deutschen absprechen, doch spricht die Erfahrung zu sehr dafür.

Der jetzt verstorbene Valentin Bittorf aus Völkershausen hat es beim urbar machen eines Stückes Feldes unterhalb der Eichenbäume am Riemengehege aus einem Erd- und Steinhaufen gegraben und dessen Sohn Johannes Bittorf bis noch vor wenige Jahre bewahrt. Jetzt ist es leider dahin.“ (Notiert von Pfarrer Georg Franz Büff 1835, Pfarrarchiv Völkershausen)

Das von Pfarrer Büff aus Völkershausen beschriebene Bildnis gleicht dem in Paris dargestellten und

Das Riemenfeld bei Völkershausen – hier wurde der von Pfarrer Büff beschriebene Stein gefunden

Rekonstruktion der Wälle auf dem Öchsen nach H. Hahn

auf dem in Dänemark gefundenen Kessel von Gundestrup abgebildeten Geweihgott, dem Cernunnos. Der keltische Cernunnos galt als Gott der Tiere, auch Herr der Tiere, und spielt in der englischen Literatur eine große Rolle. Der Steinfund vom Riemen zwischen Martinroda und Völkershausen zählt zu den bedeutenden archäologischen Zeugnissen, die für die Keltenzeit charakteristisch sind, wie der Torques von Deicheroda, die Schnabelkanne von Borsch und die Wallanlagen auf dem Öchsenberg. Die Steinwälle und Funde auf dem Öchsenberg künden davon, dass sich hier oben eine Festung der Kelten befunden hat, von der aus der bedeutende Handelsweg aus dem Rhein-Main-Gebiet in den heutigen mitteldeutschen Raum kontrolliert werden konnte. Nur wenige Steinwürfe entfernt überquert die uralte Handelsstraße die Werra bei Vacha, wo sich eine Furt befand.

Paulinenquelle auf dem Öchsen

Erste Ausgrabungen erfolgten 1903. Die dabei gefundenen Scherben, Spinnwirtel, Eisenteile, Schaber und Knochen sind 1904 in Völkershausen der Öffentlichkeit vorgestellt worden. Über die Ausstellung berichtete damals die „Rhönzeitung".

Ein Grundriss der keltischen Festung und eine Rekonstruktion der Ringwälle auf dem Öchsen wurden schon 1909 und ausführlicher in der Thüringer Gauzeitung am 8. Oktober 1938 dargestellt. Besondere Verdienste bei der Erforschung des Öchsenberges erwarben neben dem ehemaligen Direktor des Vonderau-Museums Fulda H. Hahn die Herren Prof. Dr. Götze, P. Donat, H. Hesse und besonders B. Bahn.

Bernd Bahn legte 1978 auf dem Öchsen einen Schnitt an und fand im Jahr 1983 Drehscheibenware. Frühere Funde waren Schwerter, eine Lanzenspitze, Messer u. a.

Die Steinmauern, die den Gipfel umgaben, sollen nach Peter Donat innen 2 m und außen 4,20 m hoch gewesen sein. Der äußere Wall war 1100 m, der innere 550 m lang. Über die Bauweise und das verwendete Material gehen die Meinungen auseinander. H. Hahn zeichnete eine Rekonstruktion der Wälle aus Holz und Steinen. Später ist man davon ausgegangen, dass sie, wie auf der Steinsburg, nur aus Basaltsteinen bestanden. Neueste wissenschaftliche Untersuchungsmethoden, die bei einem Schnitt eines Walls auf dem Dolmar bei Meiningen angewendet wurden, erbrachten den Beweis, dass Holzstämme Bestandteil der Ringmauern waren. Eine solche Konstruktion war viel früher auf der Alten Mark bei Kaltennordheim vermutet und zeichnerisch dargestellt worden. Woraus nun die Wälle auf dem Öchsen bestanden, lässt sich wohl nicht mehr feststellen. Zu viel ist bei dem Basaltabbau zerstört worden.

Von Sichelwällen geschützt war die Paulinenquelle, die sich unter einem vermuteten Wohnpodium

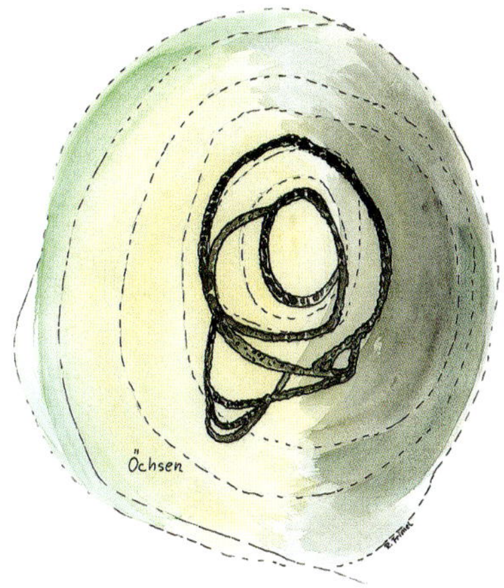

Wallanlagen auf dem Öchsen

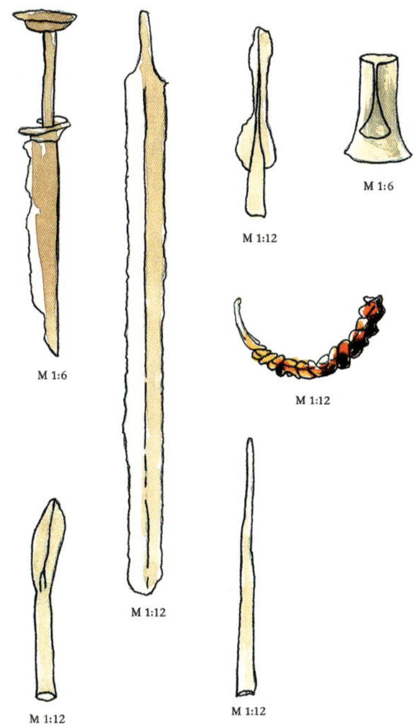

Funde auf dem Öchsen

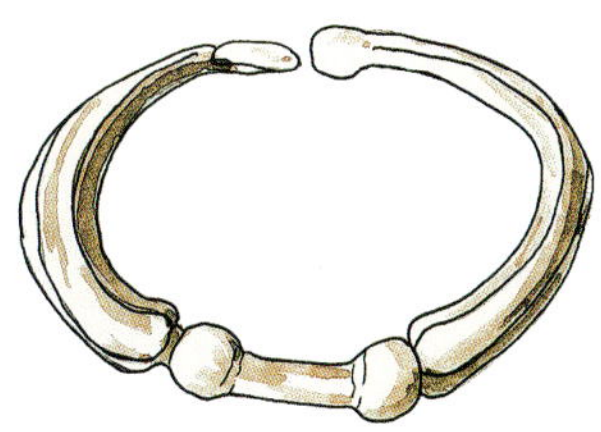

Auf dem Dietrichsberg (Geisköpfchen und Steinwall)

Der Arzberg bei Otzbach

am Südhang des Öchsenberges befindet. Als archäologisches Bodendenkmal bietet sie sich dem Betrachter noch heute dar.
Unübersehbar sind die zahlreichen Ackerterrassen auf dem Öchsen, die von Menschenhand abgelesenen und am Feldrand zusammengetragenen Basaltsteine. Die keltischen Anlagen und Funde des Öchsenberges rangieren ihrer Wertigkeit und Größe nach hinter dem Oppidum Milseburg und dem Oppidum Steinsburg auf dem Kleinen Gleichberg.

Eine ganze Anzahl weiterer Anlagen und Fundorte weist darauf hin, dass die Kelten die thüringische Rhön weiträumig besiedelten.
Auf dem **Geiskopf des Dietrichsberges** könnte sich eine keltische Kultstätte befunden haben. Ein sichelförmiger Steinwall sollte dem Schutz des Gipfels dienen. Er war von der westlichen Seite des Gipfels von der Blockhalde im Norden bis zum Südhang angelegt. Am Hang des Berges wurde eine Sense aus der Keltenzeit gefunden.
Ganz in der Nähe befand sich ein Eisenerzvorkommen, das dem **Arzberg** bei Mieswarz einst seinen Namen gab. Geologisch wird der Eisengehalt durch Infiltration aus Zersetzungsprodukten des über dem mittleren Muschelkalk liegenden Basalts erklärt.
Nicht weit vom Öchsen- und Dietrichsberg entfernt liegt das große Dorf Borsch, in dessen Nähe ein Waldstück, das die **Borscher Aue** genannt wird. Befand sich hier das Gräberfeld derer vom Öchsen- und Dietrichsberg? Aus einem der Grabhügel, der 1869 von „Schatzsuchern" zerstört worden war, ist wichtiges Grabinventar gerettet worden. Gefunden wurden ein Tongefäß mit geometrischer Stichverzierung und ein Hiebmesser. Als kunsthistorischer Renner wurden Metallgefäßreste bezeichnet, die zu einer ehemals ca. 38 cm hohen Schnabelkanne gehören, heute unter dem Namen Borscher Schnabelkanne bekannt.
„Erhalten sind der Ausguss mit Rinne und der tiergestaltige Henkel. Schon Paul Reinecke, ein Altmeister der prähistorischen Archäologie, erkannte, dass ein Erzeugnis früher keltischer Kunst vorliegt. Spätere Funde aus Süddeutschland und Frankreich zeigen – es handelt sich bei dem Gefäß nicht etwa um eine Kopie, sondern um die schöpferische Umsetzung des etruskischen Vorbildes einer Weinkanne durch einen einheimischen Kunsthandwerker. Jede der in Europa gefundenen Kannen dieser Art ist ein individuelles Kunstwerk, das die Bedeutung jener Persönlichkeit hervorhebt, in deren Grab es gelangte. Der Henkel ist in verlorener Form hohl gegossen worden. Die Bronze enthält erhebliche Mengen Blei. Außer Frage steht, dass die Kanne tatsächlich benutzt wurde, vielleicht um Wein auszuschenken. Das Stück befindet sich in der ur- und frühgeschichtlichen Sammlung der Universität Jena. Das Gefäß fasste ca. 5 l Flüssigkeit. Nach seiner Herstellungstechnik ist der tiergestaltige Griff mit den Vogelkopffibeln von der Steinsburg zu vergleichen. Stilistisch wird mit der Kanne der Beginn der Latènezeit in Thüringen verbunden." („Ur- und Frühgeschichte Thüringens" von Sigrid Dusek 1999, Beitrag von Thomas Grasselt)
Auf dem stattlichen 714 m hohen **Baier**, der weithin sichtbar die Landschaft um Gehaus und Oechsen, Stadtlengsfeld, Weilar und Unteralba dominiert, ist ein archäologisches Bodendenkmal ausgewiesen. Zwei konzentrische Ringwälle umgrenzen eine Fläche von ca. 3 ha. Reste der Wälle sind gut zu erkennen.

Schnabelkanne von Borsch (Rekonstruktion)

Reste der Wallanlagen auf dem Baier

Der Baier, östlich von Oechsen

Deicheroda

WEITERE FUNDORTE UND FUNDE IN DER THÜRINGISCHEN RHÖN

REGINA FRIMEL

In dem Buch „Die Kelten in der Rhön", das 2006 erschien, beschreibt die ehrenamtliche Bodendenkmalpflegerin Regina Frimel weitere Anlagen und Fundorte in der Rhön. Sie hat selbst an zahlreichen Grabungen teilgenommen.
Sie schreibt: „Von **Deicheroda** kennen wir einen Einzelfund, die Hälfte eines Halsrings mit Stempelenden der Stufe Latène B, vielleicht aus einem zerstörten Flachgrab.
Bei **Buttlar**, auf der Höhensiedlung Hubenberg fand man ein wenig Keramik der frühen Eisenzeit.
Der 503 m hohe **Schleidsberg** bei Geisa hat einen kleinen Wall im Westen. Im Osten fällt er steil ab.

Man fand hier latènezeitliche Keramik.
Einzelfunde wurden bei **Geisa** gemacht. Das Rohstück eines eisernen Hiebmessers und ein bronzener Hohlblechring mit Wulstgruppendekor fand man. Es gibt Hinweise auf zerstörte Gräber der Latènestufen A und B sowie ein Latènekörpergrab mit Keramik nordwestlich des Ortes.

Fund von Deicheroda

Bei **Kranlucken** im Kohlbachtal gab es eine Siedlung der Späthallstatt- und Frühlatènezeit.
Die **Hessenkuppe** bei Dermbach hat einen einfachen Wall mit Tangentialtor. Keramik, eine eiserne Schere und ein Zungengürtelhaken zeigen frühlatènezeitliche Besiedlung.
Der **Umpfen** bei Fischbach hat auf einem Sporn einen undatierten Abschnittswall.
Die **Alte Mark** bei Kaltensundheim besaß eine Trockenmauer aus Basalt mit vorgeblendeter Kalksteinmauer. Die Mauer war 3 m breit und hoch, hallstättische oder frühlatènezeitliche Scherben kamen zum Vorschein.
Die **Diesburg** neben der Hohen Geba ist latènezeitlich.
Bei **Dorndorf** fand man grobe Siedlungsware der Hallstattstufe D (650–475).
Töpfe im harpstedter Stil dominieren. Hier waren mehrere Gruben.
In **Bad Salzungen** gab es eine Siedlung der Latènezeit. Hinweis darauf geben Altfunde beim Bau der Gradierhäuser im Ort. Das war Goldschmuck in Form einer Kette aus Ringen.
Dazu kam Bronzeschmuck vom Kirchplatz. Die noch heute sprudelnden Solequellen wurden

Geisa mit dem Schleidsberg

Geisa mit dem Schleidsberg

Die Diesburg – Nachbarberg der Hohen Geba

bereits in vorchristlicher Zeit zur Salzgewinnung benutzt.
Bei **Barchfeld** gab es Grabfunde der Frühlatènezeit: Fibeln aus einer Kiesgrube.
Weitere Funde aus dieser Zeit sind bekannt aus **Phillipsthal** und **Creuzburg** sowie von der **Wartburg** (Eisenbarrendepot).“

In jüngster Zeit wurden auf dem Hausberg von Meiningen, dem Dolmar, der stattliche Berg zwischen Rennsteig und Rhön, Nachforschungen gemacht, die belegen, dass auch hier die Kelten lebten.

Der Dolmar – Hausberg von Meiningen

ÜBER DAS VORGESCHICHTLICHE GRÄBERFELD BEI LEIMBACH BEI BAD SALZUNGEN

NACH CARL DREYSIGACKER UND PETER DONAT

„Das Dörfchen **Leimbach** liegt ganz in der Nähe von Bad Salzungen. Im Jahre 1878 wurde dort Kies zum Eisenbahnbau benötigt. Gleich zu Beginn der Schachtarbeiten fanden die Arbeiter Tonscherben, beachteten sie aber nicht.

Doch dann stießen sie auf ein gut erhaltenes Tongefäß! Voller Spannung zerschlugen sie es. Den erwarteten Schatz enthielt es leider nicht, nur einen zusammengebackenen Klumpen aus Asche, Knochen und etwas Rostigem ...

Achtlos warfen sie dieses und alle weiteren Gefäße beiseite.

Dann hörte zum Glück Lehrer Schlotthauer von den Funden. Er bat die Arbeiter inständig, die Gefäße zu sammeln. So trafen nach und nach einige Stücke in der Sammlung des Hennebergischen Altertumsforschenden Vereins ein.

Erst 1885 wurden nach der Ernte Grabungen durch Vereinsmitglieder aus Meiningen und Salzungen durchgeführt.

Es wurde alles aufgesammelt. Die einzelnen Grabstellen waren von den Vereinsmitgliedern nicht zu erkennen.

Die Mehrzahl der Funde war leider verkommen. Die Urnen lagen etwa 40–60 cm tief im Erdreich, viele vom Pflügen zerrissen und zerdrückt. Schmuckstücke und Metalle fanden sich meist in zusammengebackenem Inhalt. Es wurden Urnen aus schwärzlichem, rötlichbraunem, grauem, gelblichgrauem, rötlichgrauem, dunkelgrauem und schwarzem Ton und andere Gefäße geborgen. Man fand Eisenfibeln, eiserne Gürtelhaken, einen schweren und einen zierlichen Halsring, Bruchstücke, Armringe, Bronzenadeln mit Eisenniet, Bronzefibeln, einen Bronzeknopf, ein halbes Hufeisen, eine handgemachte Glasflasche wie in Bad Nauheim.

Bei Leimbach handelt es sich um ein umfangreiches Gräberfeld, das im 4. Jahrhundert vor Chr. einsetzte und eine über Jahrhunderte fortdauernde keltische Siedlungstätigkeit anzeigt.“ Die Begräbnisstätte wurde über 400 Jahre genutzt, also durch die gesamte Latènezeit, wie die geretteten Fundstücke zeigen. Carl Dreysigacker mutmaßte schon damals über die Herkunft der Bevölkerung, dass es sich nur um Einwohner einer alten Händlerniederlassung handeln konnte, die sich von der alteingesessenen Bevölkerung unterschieden. Peter Donat 1965: Streng genommen gibt es aus Leimbach nur Einzelfunde, da sie aber in Gruppen ein-

Leimbach

Funde von Leimbach

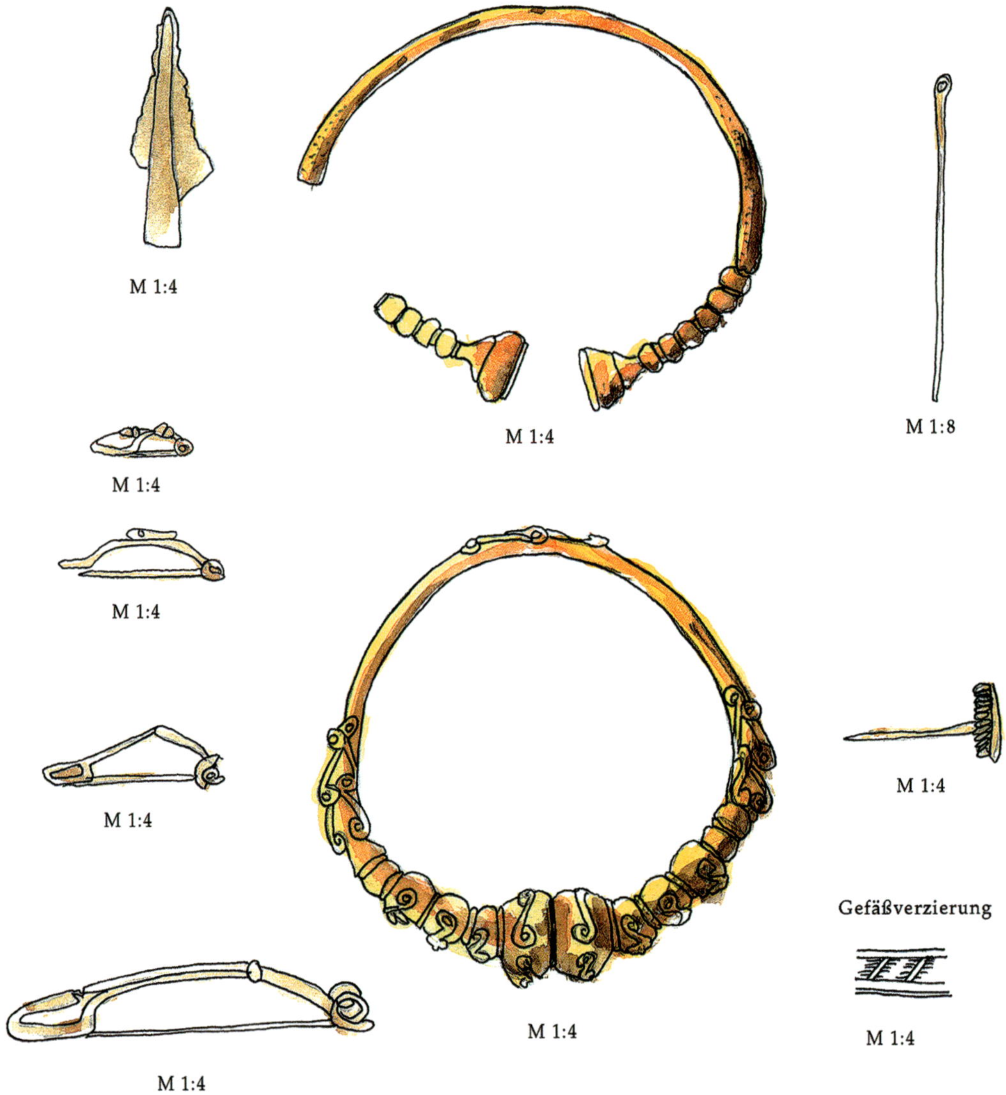

geliefert wurden, kann man versuchen, Komplexe zu bilden. Die Funde weisen auf Körpergräber aus der Zeit Latène B. Pufferhalsringe zeigen den Einfluss der mittelrheinischen Latènekultur. Jünger- und spätlatènezeitliche Gräber sind nur aus Leimbach bekannt. Es folgen Brandgräber ähnlich wie in der Wetterau.

Die Wahrscheinlichkeit ist groß, dass die Fundgruppen den Gräbern entsprechen. Die Flachgräber werden sicher den Kelten zugeordnet. Da am keltischen Charakter der Latène B von Leimbach nicht zu zweifeln ist, wird man auch die mittel- und spätlatènezeitlichen Funde für keltisch halten. Der Bestattungswechsel in Latène C weist auf Änderungen in Glaubensvorstellungen hin. Die Kultur ist keltisch mit germanischen Einflüssen, wie die Gürtelhaken zeigen. Es kommt dann zum Belegungsabbruch, was auch das Keltische belegt. Das Werragebiet könnte noch einen wichtigen Beitrag dazu leisten, das Verhältnis von Kelten und Germanen zu klären.

Die Leimbacher Fundstücke kann man im Steinsburgmuseum bei Römhild besichtigen.

ARCHÄOLOGISCHE FUNDORTE IN DER HESSISCHEN RHÖN UND IM FULDAER LAND

CHRISTIAN ASCHENBRENNER

Das fruchtbare Fuldaer Becken, im Westen eingerahmt von den sanften Hängen des vulkanischen Vogelsbergs, im Süden durch den hessischen Landrücken, gleichzeitig Wasserscheide zwischen Fuldafluss und Kinzig, wird im Nordosten durch das Panorama des Hessischen Kegelspiels und natürlich im Osten durch die Kulisse der Rhön geprägt. Schon sehr früh durchzogen Frühmenschengruppen des Homo erectus, immer am Wasser entlang dem Wild folgend, das Becken. Die Fundgebiete von Geröllkulturen, den ältesten Werkzeugen der Menschheit, bei Hünfeld-Großenbach und bei Fulda-Maberzell, in das Altpaläolithikum (älteste Altsteinzeit) zwischen 1,3 Millionen und 300 000 Jahre datiert, bezeugen diese frühesten Anwesenheiten des Menschen. Die Museen in Fulda, Hünfeld, aber auch in Tann (Naturkundemuseum) und ein Firmenmuseum in Ehrenberg-Seiferts dokumentieren diesen frühen Abschnitt. Auch mittel- (10000–6000 v. Chr.) und jungsteinzeitliche (6000–2000 v. Chr.) Belege sind für das Fuldaer Land bekannt.

Blick von der Milseburg ins Fuldaer Land mit Kleinsassen

Malges mit Hessischem Kegelspiel bei Eiterfeld

ERSTE ACKERBAUERN IM FULDAER LAND

Die jungsteinzeitliche Besiedlung im Fuldaer Becken beginnt mit der bandkeramischen Kultur (6000–4500 v. Chr.), von der jedoch bisher nur wenige Funde vorliegen. In jüngster Zeit haben einige Einzelfunde die Wartbergkultur (jüngere Jungsteinzeit: um 3000 v. Chr.) im Hessischen Kegelspiel nachgewiesen. Ein jungsteinzeitliches Höckergrab aus der Zeit um 2500 v. Chr. ist im Vonderau Museum Fulda rekonstruiert.

Einen weiteren Höhepunkt der Besiedelung markiert die Kulturgruppe der mittleren Bronzezeit (1600–1250 v. Chr.), der sogenannten Fulda-Werra-Kultur. Nicht nur durch Ackerbau und Viehzucht, auch durch Salzgewinnung in der Region Bimbach, Großenlüder und Bad Salzschlirf, westlich von Fulda, wurde diese Blüte erreicht. Der bekannte Grabhügel von Hünfeld-Molzbach, 1931 archäologisch untersucht, erbrachte insgesamt 24 Grablegungen von der mittleren Bronzezeit bis in die keltische Eisenzeit. Der herausragendste Fund jedoch ist eine Nachbestattung um 1500 v. Chr., das Grab Nr. 8, das „Reiche Mädchen von Molzbach", im Hünfelder Museum überzeugend in der Grablege und als Trachtenrekonstruktion nachgebildet. Das Original befindet sich im Hessischen Landesmuseum Kassel.

Auch die der Bronzezeit nachfolgende Urnenfelderzeit (1250–750 v. Chr.) mit ihrem langsamen Übergang zur frühesten Eisenzeit, der Hallstattzeit (750–450 v. Chr.), ist im Fuldaer Land vielfältig dokumentiert. Dazu gehören das Gräberfeld von Hünfeld-Molzbach (Sandstrauch) mit seinen Flach- und Hügelgräbern sowie die Urnengräberfelder östlich von Fulda beim Künzeller Lanneshof und westlich des Fuldaflusses, bei Bimbach, Großenlüder und Uffhausen, schon am östlichen Vogelsbergrand gelegen.

DIE EISENZEIT IM FULDAER LAND – HALLSTATTKULTUR UND LATÈNEZEIT

Der Übergang von der Urnenfelderkultur (um 1100 bis 750 v. Chr.), der späten Bronzezeit, zur sog. Hallstattzeit (750 bis 450 v. Chr.) wird auch im Fuldaer Land geprägt durch die langsame Zunahme im Gebrauch von Eisengeräten. Die aus Südosten importierte neue Technik der Eisenverhüttung wurde immer mehr zur Herstellung von Waffen und Arbeitsgeräten angewandt. Die größere Härte des neuen Materials versprach eine bessere Brauch- und Haltbarkeit. Schmuck, wie Armreif, Halsring, Fibeln und Gewandnadeln, wurde weiterhin aus Bronze hergestellt, glänzt dieses Metall ja im nicht oxidierten (gerosteten) Zustand rötlich-golden, fast so wie der immer beliebte Goldschmuck!

DIE MILSEBURG, „PERLE DER RHÖN" UND KELTISCHES OPPIDUM

Die Silhouette der Milseburg, gleich von welcher Seite man sie wahrnimmt, als Totenlade von Westen oder als „Heufuder" von Osten und Norden, beherrscht das Rhönpanorama. Auch dem vorgeschichtlichen Menschen fiel diese Position auf. Ein Einzelfund von 2004, über den Arbeitskreis an die Fachbehörde weitergeleitet, zeigt schon die Anwesenheit des Cro-Magnon-Menschen am Ende von Altsteinzeit und letzter Eiszeit vor ca. 10000–8000 Jahren auf diesem Berg. In der Nähe der Gangolfsquelle und nicht weit vom Ausguck des Schnittlauchfelsens mit weitem Blick nach Westen in das Bieber- und Fuldatal, um die Tierwanderungen zu beobachten, ist das Belegstück von einer aufmerksamen und der Forschung aufgeschlossenen Wanderin, Mutter des Finders der keltischen Lanzenspitze vom Karfreitagsstein, gefunden worden, das nach wissenschaftlicher Aufnahme durch die Bodendenkmalpflege in Marburg dem Vonderau Museum übergeben wurde.

Die Milseburg

Zwei Steinäxte aus Felsgestein, Länge 16,8 bzw. 17 cm, Breite 6,35 bzw. 6,3 cm, Stärke 3,35 bzw. 3,95 cm; Vonderau Museum Fulda, I K 110 und 128

Stark beschädigte bronzene Spitze einer Lanze, Länge noch 17,7 cm; Vonderau Museum Fulda, I 1957/1

Leicht verbogenes Eisenschwert (im Hauptwall gefunden) mit abgesetzter flach vierkantiger Griffangel und abgebrochener Spitze, Länge noch 39,9 cm, und eiserne Spitze eines Schwerts, Länge noch 14 cm; Kopien der im Landesmuseum Kassel aufbewahrten Originale

Drei eiserne Lanzenspitzen mit flach gehämmertem bzw. profiliertem Blatt, Länge 14,4 bis 20,5 cm; Kopien der im Landesmuseum Kassel aufbewahrten Originale

Eiserne Ringe, Durchmesser innen 2,1 bis 5,2 cm, Bruchstück eines gebogenen Eisens und dünner Eisenstift mit vierkantigem Querschnitt, Länge 8,1 cm; Kopien der im Landesmuseum Kassel aufbewahrten Originale

Eisernes Ringkopfmesser mit vierkantigem Griff, Länge 35,5 cm; Kopie des im Landesmuseum Kassel aufbewahrten Originals

Eiserner Pfannenstiel (?) mit langer offener Tülle, Länge noch 21,2 cm, und Sichel aus Eisen mit gebogener Klinge und abgewinkelter schmaler vierkantiger Griffzunge, Länge 32 cm; Kopien der im Landesmuseum Kassel aufbewahrten Originale

Bügel einer bronzenen Fibel (Gewandnadel)

Pflugschar aus Eisen mit offener Tülle, die sich randleistenartig bis zur beschädigten Spitze fortsetzt, Länge 13,6 cm; Kopie des im Landesmuseum Kassel aufbewahrten Originals

Eiserne Feuerschaufel mit lanzettförmigem schmalem Blatt und tordiertem Schaft, Länge 34 cm; Kopie des im Landesmuseum Kassel aufbewahrten Originals

Beil, Keil und Tüllenmeißel aus Eisen, Länge zwischen 7,1 und 11,3 cm; Kopien der im Landesmuseum Kassel aufbewahrten Originale

Schon seit seiner Entdeckung als keltische Ringwallanlage 1870 durch den berühmten Berliner Professor R. Virchow ist die Milseburg auch archäologisch ein Fixpunkt der Forschung im Fuldaer Land. Nach ersten Grabungen 1900 und vielen Einzelfunden, wie z. B. der bronzenen Lanzenspitze von Danzwiesen (Vonderau Museum), haben besonders die beiden Grabungskampagnen 2003 und 2004 am Ostwall neue Erkenntnisse gebracht. Durch Überarbeitung des „Archäologischen Lehrpfades“ , einem der ältesten in Deutschland, sind die neuen Erkenntnisse der Dauerbesiedelung seit der Bronzezeit bis zum Ende der Latènezeit um Christi Geburt und des Alltags in dieser Höhenbefestigung, Ackerbau und Viehzucht, einer breiteren Öffentlichkeit bekannter geworden.
Heute wissen wir, dass die Bronzelanze von Danzwiesen a.d. Milseburg, ein Altfund und im Vonderau Museum aufbewahrt, kein Einzelfund, kein Streufund ist. Die Grabungen haben ergeben, dass am Fuß des Phonolithberges Ackerterrassen angelegt wurden, die aus der Bronzezeit, Urnenfelder- und Hallstattzeit stammen. Direkt auf diese Terrassen ist die keltische Ringmauer aufgebaut worden. Die bisher angenommene Technik einer sog. „Pfostenschlitzmauer“, bei der die Bruchsteine durch ein System von Pfosten und Querbalken gesichert wurden – an anderen keltischen Höhenburgen beobachtet –, konnte bei der Grabung nicht bestätigt werden. Die neusten Ausgrabungen haben zu teilweise überraschenden Ergebnissen geführt. Die Ausgrabungen von Joseph Vonderau erbrachten zahlreiche Gefäßreste sowie Waffen, Geräte, Schmuck und Münzen aus der Spätlatènezeit, was unter anderem zu einer Ansprache der Milseburg als Oppidum beitrug. Es ist verwunderlich, dass gerade dieser Zeithorizont bei den neueren Grabungen fast völlig fehlt. Stattdessen konnten diese Untersuchungen eine nicht unerhebliche urnenzeitliche Besiedelung der Milseburg nachweisen, bei der Teile des Berghanges terrassiert wurden. Diese Terrassen hat man auch während der ausgehenden Hallstatt- und Frühlatènezeit zu Siedlungszwecken genutzt, so dass sich eine bis zu 40 cm mächtige Kulturschicht bilden konnte. Bei der Errichtung der Mauer wurde diese Schicht unterhalb des Mauerkörpers größtenteils entfernt, während sie unter der Anschüttung hinter der Mauer erhalten blieb. Die Mauer muss demnach nach der Urnenfelderzeit (um ca. 800 vor Chr.) errichtet worden sein, während die Anschüttung frühestens am Ende der Frühlatènezeit (um ca. 400 vor Chr.) errichtet worden sein kann. Das bedeutet aber, dass die Befestigungsmauer an der Ostseite der Milseburg mit hoher Wahrscheinlichkeit bereits während der Frühlatènezeit errichtet wurde. Dagegen ist ihre Existenz während der Spätlatènezeit nicht sicher nachweisbar.
Im Grabungsbereich wurde zur Anschauung der Befestigungsanlage ein Phonolithkubus aufgebaut, der die ca. 3,50 Meter hohe und ebenso breite und insgesamt etwa 1300 m lange Wehrmauer verdeutlicht. Insgesamt drei Tore (Nord-, Ost- und Südtor)

*Neufunde von den Grabungen 2003/04 am Ostwall der Milseburg:
oben Hessisch-Thüringische Strichverzierung, div. Randstücke und Spinnwirtel, teilweise mit Stempeldekor, Glasring*

Das neue Mauerstück von 2005 am Grabungsschnitt nähe Gänseborn verdeutlicht das ehemalige Volumen der alten Wehranlage

Kälberhutstein auf der Milseburg

gewährten damals Einlass. Nach Vonderau ist das Nordtor sogar an den alten Ortesweg angeschlossen, der quer durch das Fuldaer Land, aus dem Maingebiet kommend, in das Grabfeld verläuft. Ein viertes Tor am Kälberhutstein sichert im inneren Mauerbereich noch einmal den Zugang zur Höhensiedlung. Drei Quellen innerhalb der Wehrmauer und eine weitere an der steil abfallenden und daher nicht bewehrten Westseite, dort aber durch zwei kurze Wallabschnitte gesichert, versorgten die in der Hauptbesiedelungszeit ca. 1000 Bewohner dieser Anlage. Die Siedlungspodien „Dörfchen" zwischen Kälberhutstein und Kleiner Milseburg, nicht weit vom Nordtor, auf dem Höhenplateau um die Gangolfsquelle, die sog. Einsiedelei und die vielseitigen Bebauungsreste um das Südtor am Fuße der großen Geröllhalde sowie zentnerschwere Kisten von Siedlungskeramik im Vonderau Museum sind Hinweise auf eine dichte Besiedelung. Keramik aus Grafitton, das nächste Vorkommen ist bei Passau, zeigt weitverzweigte Handelsbeziehungen.

Seit 1994 ist am Fuße des **Glaubergs** in der östlichen Wetterau eine großartige Anlage eines „Fürs-

Kreuzigungsgruppe auf der Milseburg

tengrabes“ mit mehreren Grablegungen, reichen Beigaben (Goldtorques, Prunkschwert) in einem großangelegten Grabhügel mit „Prozessionsstraße“ freigelegt worden. Berühmt wurde das Grab auch durch die Funde von einer lebensgroßen und Reste von drei weiteren Sandsteinfiguren. In den beiden gefundenen Bronzekannen, einer Röhren- und einer sog. Schnabelkanne, beide reich verziert, konnten Reste von Honig bzw. einem hochwertigen Metgebräu nachgewiesen werden. Interessant ist, dass die Pollen der Honigreste analysiert wurden, wobei deren Herkunft u. a. aus der Rhön, dem Fulda-Werra-Bergland und aus dem Thüringer Wald bestimmt werden konnte! Vor diesem Hintergrund und angesichts der sonstigen Befunde wird deutlich, dass der Glauberg eine weit über die Region hinausgehende Bedeutung besaß und eine zentrale Rolle innerhalb der frühkeltischen Welt einnahm. Ob diese Verbreitung der Honiglieferungen für die Begräbniszeremonie zwischen dem Rheingau und Nordhessen, dem Lahntal bis zum Thüringer Wald, auch ein mögliches „Herrschaftsgebiet“ des Glaubergfürsten umfasste, muss zur Zeit offen bleiben. Die Milseburg, um 500 v. Chr. schon befestigte Höhensiedlung, kann dabei eine besondere Rolle als Sitz eines Gaufürsten gespielt haben.
Wichtige Metallfunde aus den frühen Grabungen an der Milseburg sind im Kasseler Landesmuseum ausgestellt. Kopien und weitere Funde befinden sich im Fuldaer Regionalmuseum. Die neuen Grabungsergebnisse und deren Funde werden in die Schausammlung des Vonderau Museums eingebaut. Die Übersichtskarte des Landesamtes ist jedem archäologisch interessierten Wanderer sehr zu empfehlen, wenn sie auch die neuesten Grabungsbefunde noch nicht zeigen kann.
Insgesamt muss bei der Milseburg, wegen der exponierten Lage und den vielfältigen Besiedelungshinweisen, von einem die gesamte Region beherrschenden Oppidum, einem keltischen Verwaltungs-, Wirtschafts-, Militär- und vielleicht sogar kultisch-religiösen Zentrum ausgegangen werden. Der befestigte Gipfelbereich kann als zusätzlicher Schutzwall, aber auch als Abtrennung eines Kultbereiches, als Sakralzentrum gedeutet werden. Konkrete Hinweise, mit Ausnahme des Gesamtgipfels, der frühen Nennung einer christlichen Kapelle – vielleicht an Stelle eines heidnischen Opferplatzes? – sind bisher hier nicht gefunden worden.
Die Bedeutung der Milseburg als vorgeschichtliche Anlage von Rang wird durch einen neu angelegten archäologischen Lehrpfad, zusätzliche Hinweisschilder und eine Informationsbroschüre dem Rhönfreund und Wanderer verdeutlicht.

Alter Baum auf der Milseburg

Kegelhalsurne und kleines Beigefäß aus Brandflachgrab von Hünfeld-Molzbach, Flur Sandstrauch, Hallstattzeit

Gefäß aus Hünfeld-Molzbach, Konrad-Zuse-Museum Hünfeld

HÜNFELD-MOLZBACH: TREFFPUNKT DER KULTUREN

Nur wenige Kilometer vom Keltenhof Hünfeld-Mackenzell entfernt befindet sich ein weiterer interessanter Fundkomplex, das Gräberfeld von Molzbach, Flur Sandstrauch. Seit 1934 wurden von den ehemals sieben erhaltenen Grabhügeln vier archäologisch untersucht. Bei den wissenschaftlichen Grabungen wurde erkannt, dass nicht nur Nachbestattungen in den Hügeln stattgefunden haben, sondern auch insgesamt 82 erforschte Flachgräber zwischen den Steinhügeln niedergelegt wurden. Viele unterschiedliche Urnenformen, z. T. mit Deckschalen und Leichenbrand, konnten freigelegt werden. Die vielen Einzelscherben, die den Urnen beigelegt waren, werden als Reste von nach dem Leichenschmaus („Tröster") absichtlich zerschlagenen und symbolisch mitbeerdigten Gefäßen gedeutet. Wahrscheinlich steht auch das in der Grabung 1936 durch Pfostenreihen beobachtete, ca. 11 m lange Rechteckgebäude mit trapezförmigem Anbau und entsprechendem Hüttenlehm in Zusammenhang mit dem Totenkult. Nur wenige weitere Siedlungsreste wurden beobachtet.

Die unterschiedlichen Urnenformen, z. B. Kegelhalsurnen, verdeutlichen Einflüsse aus dem Mittelmaingebiet und der Gleichberge sowie auch aus Niederhessen. Eimerförmige Urnen verweisen auf Urnenfelder-Traditionen, wie sie auch im östlich von Fulda gelegenen Lanneshof nachzuweisen sind. Diese kulturellen Strömungen wurden hier in der frühesten Eisenzeit zu einer „Molzbacher Eigenwelt" vermischt. Bauchige, fast bombenförmige Gefäße und in den traditionellen Proportionen veränderte Urnen traten jetzt auf. Die Molzbacher Keramiken gleichen auffällig den Scherbenfunden aus Mackenzell.

Der Nestor der Bodenforschung im Landkreis Fulda, Prof. Dr. Joseph Vonderau, fand ein Flachgräberfeld am Lanneshof bei Künzell, östlich von Fulda, und Hinweise auf eine Hallstattniederlassung im Denzeler Grund und im Gerhartsfeld östlich von Böckels. Weitere Einzelfunde deuten auf Siedlungen in der Region Silges-Hofaschenbach, Stendorf und Wendershausen hin.

GROSSENLÜDER-UNTERBIMBACH: EIN URALTES KULTURGEBIET

Schon seit der Jungsteinzeit und mit einem Schwerpunkt in der Bronzezeit ist das Gebiet nordwestlich von Fulda durchgehend besiedelt und in der Region Bad Salzschlirf, hier liegen die wertvollen Solequellen (!), Großenlüder und Bimbach durch viele

Großer Torques, Halsring vom Finkenberg bei Großenlüder; ein Vergleich mit dem Ring aus Stöckels lässt eine Werkstatt vermuten

Hügelgräber der „Osthessischen Gruppe“ vertreten. Am Mühlberg, in der Nähe des Forsthauses Unterbimbach, ist ein bronzezeitlicher Grabhügel mit Mittelstele in Originalgröße wieder aufgebaut worden, um Zeugnis zu geben von einer Keimzelle der damaligen bronzezeitlichen „Fulda-Werra-Kultur“ in der mittleren Bronzezeit, ca. 1500 v. Chr.
Die erste Erwähnung von Salzgewinnung in der Region stammt von 850 n. Chr. Seitdem waren die Salzquellen, als „Weißes Gold“, eine wichtige Einnahme für die im Mittelalter bedeutende Reichsabtei Fulda. Neben den bekannten urnenzeitlichen Bronzefunden vom Gräberfeld am Finkenberg bei Oberbimbach, die im Heimatmuseum Großenlüder ausgestellt sind, ist auch die frühe Eisenzeit nachgewiesen. Zwischen den Grabhügeln wurden auch zwei hallstattzeitliche Flachbrandgräber entdeckt.

WALLANLAGEN UND HÖHENSIEDLUNGEN IM FULDAER BECKEN

Auch die beiden Wallanlagen am **Sängersberg** nordöstlich von Bad Salzschlirf und am Heidenküppel bei Bimbach sind der Hallstattzeit bzw. der Latènezeit zuzuordnen. Die von Vonderau durchgeführten Ausgrabungen am **Heidenküppel** zeigten im Inneren des Mauerrings mehrere Terrassen und Gruben einzelner Wohnstellen. Reiches Fundmaterial der Latènezeit, darunter eine bronzene Frühlatènefibel, zeugt von einer intensiven Besiedelung des Platzes. Die nur rund 1 km vom Heidenküppel entfernt gefundenen fünf Flachgräber dürften in Beziehung zu dieser kleinen, aber stattlichen Wallanlage gestanden haben. Eine besondere Bedeutung besitzt auch die geographische Lage dieser mauerbewehrten „Höhensiedlung“, da die Antsanvia, ein uralter Höhenweg, das Rhein-Main-Gebiet über das Fuldaer Land mit der Thüringer Senke, einem weiteren uralten Kulturgebiet, verband. Keramikscherben wie am junglatènezeitlichen Heidenküppel wurden auch im Bereich des „Abschnittwalls“ auf dem **Schippberg** im Mündungsdreieck von Lüder und Fulda gefunden.

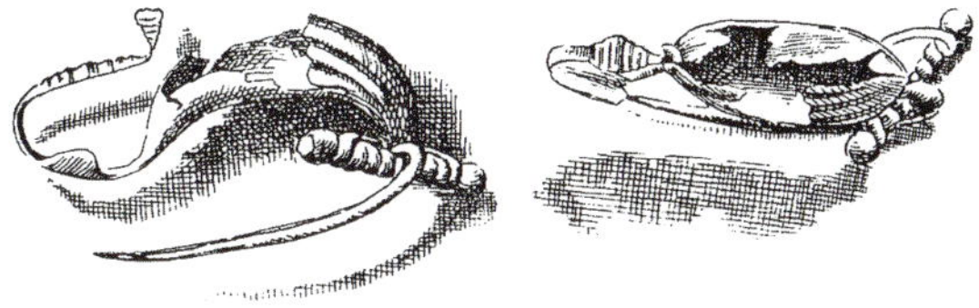

Fibel vom Heidenküppel

Die mächtigste Wallanlage im Beckenbereich der Fulda befindet sich am **Haimberg** bei Haimbach, westlich von Fulda gelegen. In der ausgehenden Urnenfelderzeit und beginnenden Hallstattzeit wies dieser majestätische Berg, der 416 m über NN das Fuldatal beherrscht, eine Ringwallanlage auf. Grabungen Vonderaus und Zufallsfunde beim Basaltabbau haben reiche Bronzefunde ergeben, die im Regionalmuseum Fulda ausgestellt sind. Weitere Reste von Wallanlagen z.T. unsicherer Zeitstellung befinden sich am **Görzberg,** dem Sängersberg gegenüber östlich der Fulda gelegen. Schon den östlichen Ausläufern des Vogelsberges zuzuordnen ist die von Vonderau angesprochene Wallanlage an der **Hainburg** bei Hosenfeld-Blankenau. Der **Margretenberg** bei Margretenhaun, östlich Fuldas im Einmündungsgebiet des Bieberbaches in die Haune gelegen, besaß nach Vonderau auch eine Wallanlage, Teile sind noch heute in der östlich des Gipfels gelegenen Wiese deutlich als Linie zu erkennen. Wenige Keramikscherben aus Wohngruben sind allerdings der jüngsten Steinzeit zuzuordnen.

WALLANLAGEN IN DER HESSISCHEN RHÖN

Neben dem Oppidum der **Milseburg** als Zentrum sind noch weitere Wallanlagen als Höhenbefestigungen bzw. Siedlungen im Landkreis Fulda bekannt. Allerdings fällt beim Studium der Karte auf, dass sich nur wenige Wallanlagen im Gebiet des Landkreises Fulda befinden. Im Bereich der Rhönausläufer im Norden um Vacha und im Süden, Richtung Grabfeld, sind hier deutlich mehr Anlagen zu erkennen.
Für das Fuldaer Land sind geringe Reste von Steinwällen auf der **Ebersburg** bei Poppenhausen, am

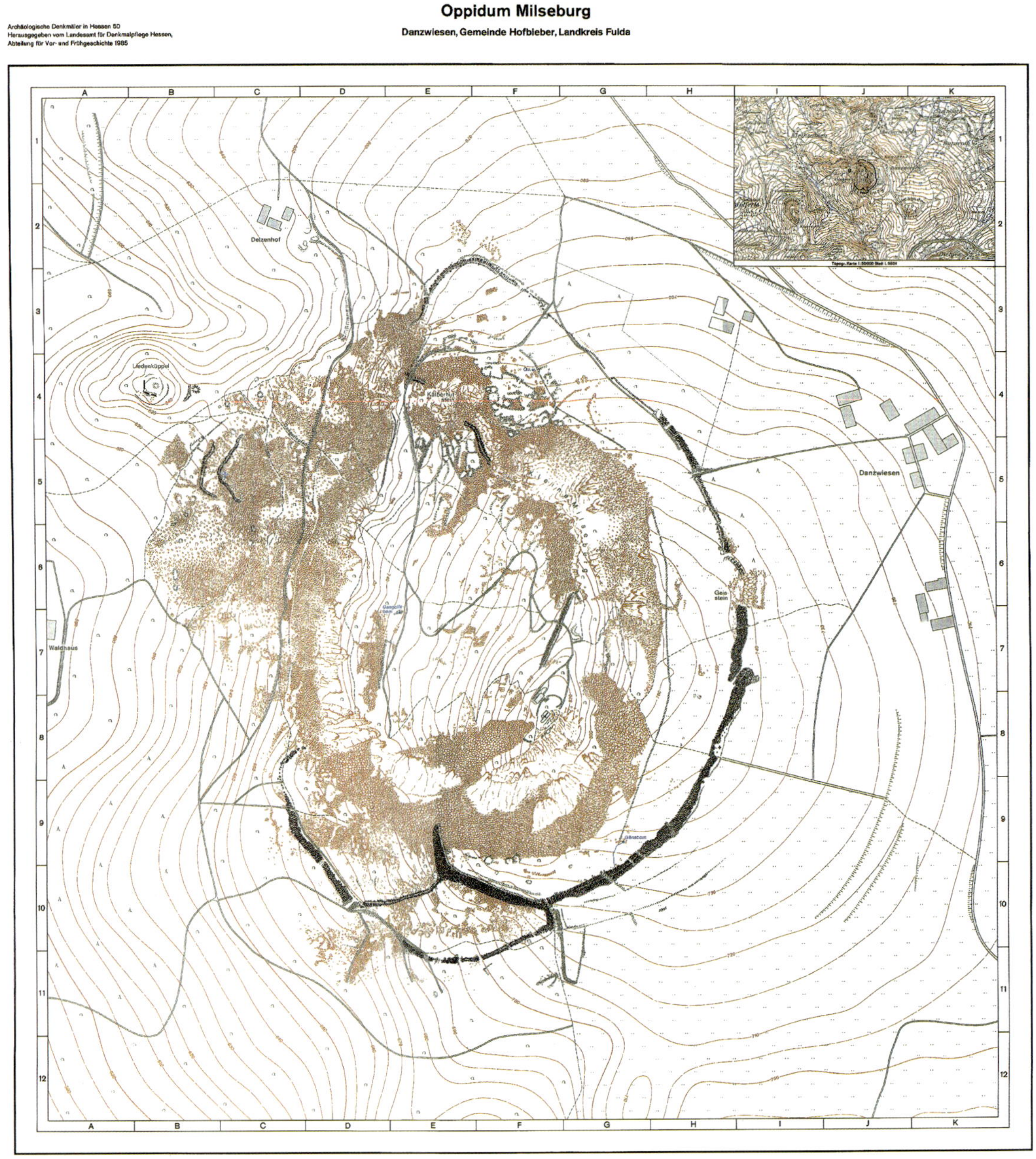

Oppidum Milseburg; Führungsblatt zu dem keltischen Oppidum (1:2500), topografische Aufnahme um 1940, archäologische Redaktion 1985 (= Archäologische Denkmäler in Hessen 50)

Kleinberg bei Rasdorf und der größere Ringwall auf dem **Stallberg**, einem mächtigen Berg (548 m über NN) des Hessischen Kegelspiels, bekannt. Hier wurden wenige Scherben und einige Reste von Mahlsteinen gefunden. In jüngster Zeit tauchte ein Einzelfund eines Mahlstein-Unterliegers aus Buntsandstein auf, der die Sammlung des Konrad-Zuse-Museums bereichert. Ob der interessante Mahlstein bzw. Reibestein aus Blasenbasalt mit „Griffohren“ als Handhabe, dessen Fundort mit Stendorf angegeben wird und der sich seit Jahrzehnten ebenfalls im Hünfelder Museum befindet, auch vom Stallberg ist, muss offen bleiben. Der Stallberg wird wohl nicht dauerhaft besiedelt gewesen sein, da sich im Bergbereich keine Quellen befinden. Die drei Hügelgrabfelder am Fuße des Berges sind bronzezeitlich. Im Umkreis von Rasdorf wurden um 1960 zwei goldene „Regenbogenschüsselchen", typische keltische Münzen, gefunden, die diese Region auch als Verbindung zwischen den Siedlungs- und Kulturkammern des Fuldaer Landes und der thüringischen Rhön ausweisen. Leider sind diese Münzbelege, die sich in Privatbesitz befinden, z. Z. verschollen. Der 707 m hohe **Habelberg** bei Tann trägt an seiner Westseite einen 300 m langen Abschnittswall einer wohl nie fertiggestellten Anlage. Das spätlatènezeitliche „Schwert vom Habelberg" ist der bisher einzige datierbare Fund. Das Schwert mit verzierter Scheide ist im Vonderau Museum in Fulda ausgestellt.

DAS SKELETTFLACHGRAB VON STÖCKELS

Im Jahre 1931 wurden nach mehrfachen Funden auf Äckern der Flur „Langer Rasen" Steine beim Pflügen freigelegt, die geologisch nicht ins Umfeld passten. Darauf hat Vonderau 1932 planmäßige Grabungen durchgeführt und den Grundriss eines Hüttenbaues mit Herdstelle und Pfostenlöchern freigelegt. Die hier gefundenen Scherben entsprachen der Milseburgkeramik, sie sind als latènezeitlich einzuordnen. Neben einem Brandgrab wurde unweit des Siedlungsplatzes, auf der Flur „Schoppeneller", auch ein frühlatènezeitliches, reich ausgestattetes Frauengrab freigelegt. Der Leichnam wird wohl in einem Holzsarg gebettet gewesen sein, der mit Steinen überwölbt wurde. Im Grab fanden sich eine Scheibenkopfnadel, zwei Fibeln, ein Kettchen und ein 250 g schwerer bronzener Halsring. Das Besondere des Halsrings ist, dass am Beginn beider Zierfelder rechts und links stilisier-

oben: Rasdorf und der Kleinberg

Mitte: Stallberg

unten: Ulster und Habelberg bei Tann

Halsring mit Gesichtsmaske, Detail, Vonderau Museum Fulda

te Gesichtsmasken angebracht sind. Die wertvollen Funde sind im Vonderau Museum Fulda ausgestellt. Der Hüttengrundriss und die Gräber von Stöckels werden in das 4. vorchristliche Jahrhundert gestellt. Sie sind damit als „frühlatènezeitlich“ (um 400 v. Chr.) zu datieren.

FRÜHKELTISCHE HALSRINGE, EIN TORQUES UND EIN ARMREIF AUS DER REGION HÜNFELD

Schon 1982 wurde beim Versetzen von Grenzsteinen in der Nähe der Firma Wella am nördlichen Stadtrand von Hünfeld ein verzierter Armreif gefunden. „Der aus Bronze bestehende Ring besitzt einen größten Durchmesser von 7,8 cm, ist offen, die Enden sind als Puffer ausgebildet. Seine Oberfläche ist kräftig gerippt. Zwischen den einzelnen Rippengruppen findet sich eine Verzierung aus feinen Strichlinien und Dreiecken mit offener Basis, die von einem oder drei sogenannten Kreisaugen begleitet werden.“
Vom „Sachsenfeld“ bei Hünhan stammt ein halber Torques (Wendelring) und vom nordöstlichen Stadtausgang, an der Straße nach Kirchhasel, Abzweigung Malges, stammt ein späthallstattzeitlicher Bronze-Halsring, im Durchmesser 12 cm, Weite des Ringes 20,5 cm, mit tordiertem Körper und punktverzierten vierkantigen Enden. Diese Bronzen werden im Hünfelder Museum aufbewahrt.

DIE LANZE VOM KARFREITAGSSTEIN

Im Februar 2002 ging der zehnjährige Hünfelder Schüler Emanuel Lemnitz mit seiner Familie an der Wasserkuppe im Bereich des Pferdskopfs spazieren. Er und seine Familie sind schon lange für die Natur, die Geologie und Archäologie der Region aufgeschlossen. Auf der Suche nach schönen Hornblendkristallen zog er ein braunes Etwas aus dem frisch aufgetauten Erdreich. Es entpuppte sich als 30,5 cm lange verrostete Lanzenspitze mit rundem, 8 cm langem Schaft. Über seinen Onkel, den Autor, erfolgte die Fundmeldung. Wegen der ca. 880 m über NN liegenden Fundhöhe und der ca. 8 km Luftlinie zur Schwedenschanze wurde die Eisenlanze vorerst in das 17. Jahrhundert gestellt. Auch die Frage, ob das nicht ein „Sauspieß“ sei, wurde diskutiert. Untersuchungen der sauber geschmiedeten Lanzenspitze im Landesamt für

Drei Bronzen im Hünfelder Museum: großer tordierter Halsring, halber gedrehter Wendering von Hünhan (Sachsenfeld) und Armring aus Hünfeld

Halsring mit Gesichtsmaske, Vonderau Museum Fulda

Denkmalpflege Hessen, Außenstelle in Marburg, ergaben allerdings eine mittellatènezeitliche Datierung. Ob diese Lanze bei einer Rhönüberquerung im 2. vorchristlichen Jahrhundert verloren ging oder in einer sakralen Legung in großer Höhe, um den Göttern näher zu sein, geopfert wurde, muss vorerst offen bleiben. Nach erfolgreicher Restaurierung wird das Belegstück in der Schausammlung des Vonderau Museums der Öffentlichkeit gezeigt werden.

EISENZEITLICHE „HAUSHALTSGERÄTE": MAHLSTEINE, REIBSTEINE AUS HIESIGEN BASALTEN

Zu Beginn der ersten Grabungskampagne am Ostwall der Milseburg 2002 wurde noch beim Ausräumen der Phonolithsteine im Wallbereich ein interessanter Mahlstein/Reibstein aus Blasenbasalt gefunden. Nach der Entdeckung mehrerer „Reibsteinwerkstätten" am östlichen Vogelsbergrand durch den Verfasser sind der Neufund aus dem Milseburgwall, aber auch die beiden Handmühlsteine von der Milseburg neu zu betrachten. Blasenbasalte, besonders die so großen und fast glasig verschlackten Blasen wie bei den beiden Handmühlen, kommen ansonsten in der gesamten Rhön nicht vor. Das Steinmaterial der Milseburg besteht aus Phonolith (sog. „Klingstein"), auch ein Vulkanit wie der Basalt. Die Stücke bestehen also aus ortsfremdem Basaltmaterial. Inzwischen sind aus dem Gebiet der Großgemeinde Hosenfeld, zu der auch die oben beschriebene keltische (?) Wallanlage an der Hainburg bei Blankenau gehört, über 20 Reibsteine unterschiedlicher Form und Funktion (als großer Unterlieger oder kleinerer Oberlieger (Läuferstein)) gefunden worden. Die wenigsten sind benutzte Exemplare, die meisten sind als Rohlinge oder Halbfabrikate, noch mit Bearbeitungsspuren (!), anzusprechen. In einer Ortschronik für den Ortsteil Poppenrod vermutete schon 2003 der Autor, dass solche altertümlichen Reib-

Der glückliche Finder der keltischen Lanze vom Karfreitagsstein

Frühkeltische (?) Reibsteine aus osthessischer Produktion und anstehendem Blasenbasalt; unbenutztes Fertigprodukt, Fundort: Hosenfeld (links), Halbfertigprodukt, Fundort: Hosenfeld-Jossa (rechts)

Rekonstruierte spätlatènezeitliche Handmühlen aus Hosenfeld vom östlichen Vogelsbergrand; Werkstückfragment, Fundort: Hosenfeld-Jossa (links), rekonstruierte Handmühle aus Blasenbasalten mit Unterlieger und Läuferstein mit Handgriff (Mitte). Damit wird der Läuferstein in Rotation versetzt. Das Mahlgut, z. B. Getreide, wird durch die Drehöffnung mit der Hand eingeführt. Rekonstruierter großblasiger Läuferstein, den Mühlsteinen der Milseburg nachempfunden (rechts)

Zwei Handmühlsteine von der Milseburg (Vonderau Museum). Stammt der Blasenbasalt aus der Eifel („rheinische Basaltlava“) oder doch vom östlichen Vogelsbergrand?

steine, auch Scheibemühle oder Mahlsteine genannt, ebenso wie Stücke von hier gefundenen Handmühlen am östlichen Vogelsbergrand z. T. für den „Export“ produziert wurden. Es fällt auf, dass die beiden Altfunde von solchen Reibsteinen aus Bimbach und aus Stendorf (vom Stallberg?) alle in der Nähe des alten Handelsweges Antsanvia gefunden wurden. Diese Antsanvia führt nur ca. einen Kilometer südlich von einigen dieser Hosenfelder Werkplätze vorbei. In der Region Poppenrod-Jossa treten sowohl großblasige und verschlackte wie auch kleinblasige und harte Basalte auf, die dem Basaltmaterial der drei Stücke von der Milseburg sehr ähneln. Entsprechend der umfangreichen Eifelliteratur zur Bestimmung und Datierung solcher Reibsteine können, je nach Form und Durchmesser, die Stücke zeitlich eingeordnet werden. In Hosenfeld treten Formen von hallstattzeitlichen bis spätlatènezeitlichen Reibsteinen und Handmühlen auf. Der Reibstein von der Milseburg, der sich von weiteren Grabungsfunden, den flachen Reibplatten (Sattelmühle) aus Buntsandstein, unterscheidet, kann so als typischer Unterlieger und als frühlatènezeitlich (um ca. 500/400 v. Chr.) eingeordnet werden. Das Stück weist Brandflecken auf. Es muss beim Aufbau des Walles als Stein in den Wallkörper eingebracht worden sein.

Die Milseburg war Ausgang und ist Endpunkt dieser kleinen Zeitreise durch die hallstattzeitliche und keltische Kultur des Fuldaer Landes. Wir wollen hoffen, dass die mehr als einhundert Jahre währenden archäologischen Forschungen durch die Fachwissenschaft, unterstützt durch aufmerksame Naturfreunde und Geschichtsinteressierte und seit 1983 durch ehrenamtliche Mitarbeiter im Arbeitskreis Archäologie, zügig weitergehen.

Mit dem „Keltischen Herrenhof“ von Mackenzell und dem „rekonstruierten“ Mauerteil am Ostwall der Milseburg, unterstützt durch die aktualisierten Ausstellungsabteilungen im Vonderau Museum Fulda, dem Konrad-Zuse-Museum Hünfeld und dem Heimatmuseum Großenlüder, hat der Landkreis Fulda hoffentlich bald eine Chance, mehrere interessante, anschauliche und lehrreiche Stationen der „Hessischen Keltenstraße“ zu bilden, um einen regionalen Beitrag zu den „Kelten-Welten“ zu liefern.

SIEDLUNGEN UND GRÄBER IN DER BAYERISCHEN RHÖN UND IM GRABFELD

WALTER JAHN

DIE LANDSCHAFT

Natürliche Grenzen der fränkischen bzw. bayerischen Rhön sind im Westen ab dem thüringisch-hessisch-bayerischen Dreiländereck oberhalb Fladungens die langgestreckten Bergzüge der Hohen Rhön, die nach ihrem Höhepunkt, dem Kreuzberg, erst allmählich und dann zunehmend gegen Gemünden am Main hin ausklingen. Von dort bildet der Lauf der Fränkischen Saale eine nach Nordosten umfassende Linie. Und oberhalb Bad Neustadts an der Saale muss man, um eine bedeutende keltische Siedlungskammer ganz zu erfassen, das eigentliche Rhöngebirge zugunsten der angrenzenden Landschaft des Grabfeldes verlassen. Der Grabfeldgau reichte bei seinen ersten schriftlichen Erwähnungen im 8. Jahrhundert fast über die gesamte Rhön, bis an den Thüringer Wald und an den Main. Heute umschreibt man mit Grabfeld ungefähr die Landschaft um die obere Fränkische Saale, die obere Werra und die Streu; das ist das Land westlich der Gleichberge, nördlich der Haß-

Blick über ein Hügelgrab bei Urspringen zur Hohen Rhön

berge und östlich der Hohen Rhön. Es ist ein Naturraum, dessen archäologische Zeugnisse in allen vor- und frühgeschichtlichen Epochen einheitliche Bilder einer oft intensiven Siedlungskammer erkennen lassen, die noch gegenwärtig in gleicher Mundart, gleichem Brauchtum u. a. Bestand haben. Trennende politische Grenzen entstanden im Mittelalter durch die Territorien Henneberg, Fulda und Würzburg und ihrer Nachfolger, besonders schmerzhaft nach 1945. Heute ist zum Glück nur noch eine Verwaltungs- und Ämtergrenze zwischen dem thüringischen und dem fränkisch-bayerischen Grabfeld bzw. den Landkreisen Schmalkalden-Meiningen, Hildburghausen und Rhön-Grabfeld spürbar.

KELTISCHE SPUREN IM LANDKREIS RHÖN-GRABFELD

Der Landkreis Rhön-Grabfeld erfasst mehrere Landschaften: im Westen Teile der Hohen Rhön mit dem 928 m hohen Kreuzberg; im Norden eine von der Rhön bis zu den Gleichbergen ziehende Geländeschwelle, vor der sich südlich leicht gewellt um 300 bis 400 m über NN das fruchtbare Grabfeld ausbreitet, welches im Süden durch die ca. 430 m hohen nördlichen Ausläufer der Haßberge abgeschlossen wird. Nach Osten zu geht das fränkische Grabfeld des Landkreises übergangslos in das vor den Gleichbergen liegende thüringische Grabfeld über.

Blick vom Osthang der Hohen Rhön über das Grabfeld zu den Gleichbergen

HALLSTATTZEIT

Eine besonders intensive Besiedlung, weitreichende Handelsverbindungen und reich ausgestattete Gräber zeichnen die Hallstattzeit im Grabfeld in besonderem Maße aus. Beim Bestattungsritus setzte sich die Errichtung von Hügelgräbern allgemein durch und deutlicher als zuvor ist an den unterschiedlichen Grabausstattungen soziale Differenzierung in der Gesellschaft zu erkennen.
Welches Volk und welche Kultur beherrschte unseren Raum? Für Rhön-Grabfeld zeigt sich während der älteren Hallstattzeit ein starker östlicher, von Böhmen kommender Einfluss, aber auch solcher aus dem Süden vom Main- und Taubertal. Dagegen sind in der jüngeren Hallstattzeit aus dem kulturell erstarkten Westen und Südwesten Strömungen zu erkennen. Immer deutlicher lassen die archäologischen Zeugnisse eine eigen geprägte Kulturlandschaft zwischen Rhön, Haßbergen und Gleichbergen erkennen, u. a. an den Gräberfeldern mit den elitären Wagengräbern, der üppigen Schmucktracht der reichen Frauen und auch an den eigenartigen Vogeltrennwandschalen als Keramiksonderform.

SIEDLUNGEN DER HALLSTATTZEIT

Die in der vorhergegangenen Urnenfelderzeit wachsende Siedlungstätigkeit nimmt weiter zu. Neben den vier bekannten befestigten Höhensiedlungen Judenhügel, Eiersberg, Schwedenschanze auf dem Rehberg und Hohe Schule kennen wir bisher mehr als dreißig hallstattzeitliche Flachland-Siedlungen. Mit ihnen und den zahlreichen Hügelgräberfeldern ist die nur ca. 400 Jahre dauernde Hallstattzeit die am stärksten in Erscheinung tretende Vorgeschichtsepoche.
Die Altsiedel-Landschaft des Grabfelds wird also in der Hallstattzeit weiter intensiv ausgebaut. Erstmals zeigen sich Siedlungen bis 500 m über NN am Osthang der Rhön, wo in einer kleinen Provinz um Sondheim vor der Rhön und Urspringen mehrere Siedlungen und Gräberfelder zu finden sind.

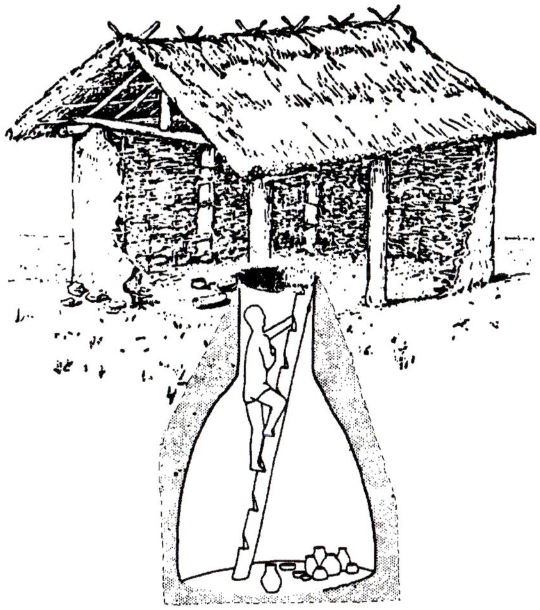

Zeichnerische Rekonstruktion

EINIGE FUNDBEISPIELE AUS HALLSTATTZEITLICHEN SIEDLUNGEN

Eine eigentümliche Erscheinung in Siedlungen der Hallstattzeit sind kegelstumpf- oder glockenförmige Gruben. Es waren in den Boden eingetiefte Hohlräume, die sich nach unten hin auf ein bis zwei Meter im Durchmesser erweiterten und mit einer schmalen Einstiegsöffnung versehen waren. Diese Grubenform kennt man allgemein aus vielen Epochen, sie kommen aber in Rhön-Grabfeld in auffallend vielen Beispielen in hallstattzeitli-

Eine Vorratsgrube in einer Siedlung der Hallstattzeit, beim Autobahnbau entdeckt und ausgegraben

Tonschälchen aus der Grube von Hollstadt (Durchmesser 12 cm)

Mahlstein aus Basaltlava von Oberelsbach (Länge 39 cm)

chen Siedlungen vor. Vermutlich waren es sichere Vorratsgruben innerhalb oder nahe an den Häusern.

Mahlsteine sind, neben Scherben, ein Indiz für vorgeschichtliche Siedlungen, meist bestehen sie aus heimischem Buntsandstein. Ein Mahlstein aus einer Siedlung bei Oberstreu und ein weiterer einzeln bei Oberelsbach gefundener ließen jedoch durch ihr Besonderheiten anfangs eine Herkunft aus der fernen Eifel vermuten, und zwar durch das Material, die dort anstehende grobblasige Basaltlava, und durch die eigentümliche Form. Neuere Forschungen zeigen, dass die Stücke vielleicht aus dem näheren Vogelsberg stammen können. Die Zeitstellung ist frühe Hallstatt- bis Frühlatènezeit.

GRÄBERFELDER DER HALLSTATTZEIT

Im Bereich des Landkreises kennt man über dreißig Hügelgräberfelder, deren Hügel sich fast ausschließlich in den ungerodeten Wäldern erhalten haben. Diese Gruppierungen zählen zwischen einigen und, wie bei Aubstadt und bei Obereßfeld, über hundert Hügel. Eine unbekannte, vielleicht gleich große Zahl von Gräberfeldern liegt eingeebnet im alten Ackerland, wo ihre Spuren hin und wieder entdeckt werden können. Über 20 derartige von Zerstörung bedrohte Gräberfelder konnten in den letzten Jahrzehnten durch die Archäologische Arbeitsgruppe Rhön-Grabfeld meist bei Feldbegehungen entdeckt und bei anschließenden Rettungsgrabungen im Auftrag des Bayerischen Landesamtes für Denkmalpflege, Außenstelle Würzburg bearbeitet werden. So auch das folgende Beispiel.

Urspringen, „Am Waldbehrunger Weg“,
Stadt Ostheim vor der Rhön, Lkr. Rhön-Grabfeld; Gräberfeld der Hallstattzeit, mit einer Nachbestattung der Frühlatènezeit, sowie Gräberfeld der Merowingerzeit.

Nach der Entdeckung des verflachten und angepflügten Gräberfeldes durch einen Urspringer Landwirt 1993 wurde es bis 1997 ausgegraben. Es gab dort in den 22 gefundenen hallstattzeitlichen Gräbern besondere Ergebnisse, so das 18 m große Hügelgrab mit seinem eisernen Schwert und, als Kontrast, der kleinste Hügel mit nur 2,2 m Durchmesser, sowie mehrere arme, beigabenlose Bestattungen zwischen den Hügeln, weiter die gerade kurz zuvor vom Pflug gestreiften Nachbestattungen mit schönem Bronzeschmuck der späten Hallstattzeit und der frühen Latènezeit.

Unter den weit über 200 geborgenenen Tongefäßen hebt sich als Sonderform hervor: eine ovale Trennwandschale und zwei attraktive Trennwandschalen mit Vogelplastiken.

In Urspringen waren die quadratischen Grabkammern anhand der Lage der Steine im Zentrum der ehemaligen Hügel sehr deutlich zu erkennen. Die Steinplatten der kreisrunden Steinkränze waren teils senkrecht aufgestellt oder lagen flach in zwei bis drei Lagen aufeinander. Aus vielen Tausenden von Steinen bestehen die Steinpackungen innerhalb der Steinkränze. Die Belegung des Gräberfeldes beginnt am Anfang der mittleren Hallstattzeit um 700 v. Chr. und endet mit einer Nachbestattung der frühen Latènezeit um 450 v. Chr. Ein überraschendes Nebenergebnis der Grabung: am Rand des Gräberfeldes wurden im 8. Jahrhundert nach Chr. zwei Thüringer oder Franken mit ihren Waffen bestattet.

Urspringen, „Am Waldbehrunger Weg“, Armring und Fibel (Bronze) aus einer latènezeitlichen Nachbestattung in einem Hallstattgrab

DIE REKONSTRUKTION DES URSPRINGER HÜGELGRÄBERFELDES

Vorzüglich erhaltene Steinpackungen und Steinkränze und die gute Einstellung zur Denkmalpflege der Verantwortlichen von Stadt und Flurbereinigung ermöglichten es, das erforschte Hügelgräberfeld in der Form von vor über 2500 Jahren wiederherzustellen. Es bietet sich heute am Fund-

ort als besonderes archäologisches Anschauungsobjekt dar, das mit den originalen Steinen und Erden aufgebaut wurde. Schulklassen, Rad- und Fußwanderer begegnen hier am Wege den frühen Kelten.
Ein weiteres in ähnlicher Weise am Fundort rekonstruiertes Hügelgräberfeld befindet sich südlich von Ostheim vor der Rhön am Hang des Kleinen Lindenberges.

DIE TRENNWANDSCHALEN, EINE EIGENTÜMLICHE GEFÄẞFORM

Ihre Grundform ist alltäglich: Tonschalen mit stufenförmigem Profil, aber sie sind in der Mitte durch eine gerade verlaufende Trennwand in zwei Hälften geteilt. Bei manchen Schalen sind auf dem Rand oder auch auf der Trennwand plastische Tonfiguren aufgesetzt. Diese stellen ausschließlich Vögel dar; man glaubt Reiher, Schwäne oder Enten zu erkennen. Sämtliche bisher bekannten Schalen sind als Beigaben in Gräbern der Hallstattzeit gefunden worden. Ihre Seltenheit innerhalb eines Gräberfeldes unterstreicht ihre besondere Bedeutung. So fand man in den 20 Gräbern des Urspringer Hügelgräberfeldes „Am Waldbehrunger Weg“ nur zwei und in den 40 Gräbern von Oberstreu, „Struth“ nur eine einzige Trennwandschale. Eng umgrenzt ist der dichte Verbreitungsraum zwischen dem Grabfeld und dem mittleren Maintal; die Ausstattung mit Vogelplastiken erschien bisher nur im Rhön-Grabfeld-Kreis.
Es gibt viele Fragen um diese Gefäßsonderform: Gehörte die Schale zur einstigen herausragenden Stellung des Bestatteten und sollte ihm auch im Jenseits zur Hand sein? Welche Schaleninhalte sollten getrennt werden? Deutungen gehen von ganz banalen bis zu sakralen Verwendungszwecken dieser Trennwandschalen aus.

Mit dem Auto in die Hallstattzeit, rekonstruiertes Hügelgräberfeld am Kleinen Lindenberg bei Ostheim

Urspringen, „Am Waldbehrunger Weg“, das nach der Ausgrabung rekonstruierte Hügelgräberfeld

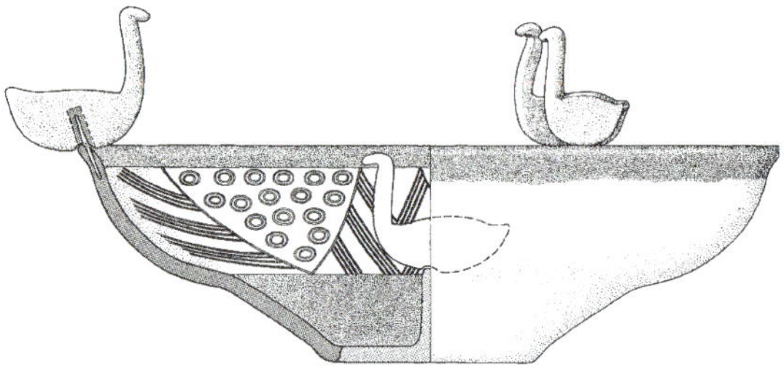

Große Vogeltrennwandschale aus einem Grab bei Saal an der Saale, „Höcker" (Durchmesser 44 x 40 cm), Rekonstruktion des Bayerischen Landesamtes für Denkmalpflege, Außenstelle Würzburg

Schnitt durch eine Vogeltrennwandschale von Aubstadt, „Dollpfad"

DIE WAGENGRÄBER

Die seit der Jungsteinzeit reiche archäologische Landschaft um Großeibstadt bei Bad Königshofen bietet auch in der Hallstattzeit durch die herausragenden Wagengräber überregional bedeutsame Fundpunkte:

Blick in eine rekonstruierte Großeibstädter Grabkammer im Archäologischen Museum Bad Königshofen

Aubstadt, „Blöße": Grabungen in mehreren Hügelgräbern schon ab 1824. Neben der reichen Schmucktracht einer Frau mit Bernsteinkette, bronzenen Hals-, Arm- und Beckenringen, wurden Zügelführungsringe und Bruchstücke von eisernen Radreifen bekannt.
Merkershausen, „Wechselwiese": um 1879 diffuse Nachrichten u. a. von Wagenräderfunden, 1993 Ausgrabung eines Wagengrabes
Großeibstadt I, „Ried": 1954/55 Ausgrabung von sechs Wagengräbern möglicherweise einer elitären Männergemeinschaft
Großeibstadt II, „Langer Strich": 1980/81 Ausgrabung von 60 Gräbern, darunter sechs Wagengräber; davon vier Männer- und interessanterweise zwei Frauengräber mit reichem Bronzeschmuck
Großeibstadt III, „Ried": 1991 Ausgrabung eines Wagengrabes unweit von Großeibstadt I
Großwenkheim (Lkr. Bad Kissingen), „Reinfeldseller": 1998 Ausgrabung eines Wagengrabes
Bastheim „Ostheimer Weg" (von Großeibstadt 18 km rhönwärts): 1999 entdeckt und ausgegraben, ein Hügelgrab mit ebenerdiger Grabkammer und Wagenrädern

DIE GRÜNDE FÜR DEN REICHTUM?

Die ungewöhnlich reichen Grabbeigaben an Schmuck, Bronzegefäßen und Wagen, niedergelegt in arbeitsaufwendigen Schachtkammern mit Hügelüberbauten, auch der jüngere Eisenbarrenhort von Aubstadt, zeigen im Umkreis um Großeibstadt eine Anhäufung von Reichtum, die immer wieder die Frage nach dem Gegenwert für diese Kostbarkeiten aufkommen lässt.
War es Eisen? Ein Grund für den Güterzuwachs und die Wohlhabenheit der Hallstattleute könnte die Eisenproduktion gewesen sein. Auf vielen Äckern des Grabfeldes zeigen sich ergiebige Vorkommen von Rot- oder Brauneisenstein. Eisenschlacken sind bei einer Siedlungsgrabung nahe dem Gräberfeld Großeibstadt II aufgetreten und nur 2 km von hier lag der Hort aus 23 Eisenbarren von Aubstadt im Boden. Allerdings stehen Untersuchungen zur Eisenproblematik noch aus.
Oder war es Salz? Angesichts vieler salzführender

Ein Paar der Hallstattzeit, dargestellt an einem Haus in Großeibstadt; Ausschnitt: Die Schmucktracht der Hallstattdamen im Grabfeld

Quellen entlang der nahe fließenden Fränkischen Saale wäre freilich auch zu überprüfen, ob vielleicht gar die Gewinnung kostbaren Salzes eine Rolle spielte. Manche Archäologen vermuten darin die Grundlage des Wohlstands. Gab es „Großeibstadter Salzherren"? Bisher fehlt jeglicher archäologische Beleg für eine Salzproduktion.

Oder war es die Verkehrslage? Das Großeibstädter Land liegt im Schnittpunkt alter Wege nahe der Landmarke der Gleichberge, mit ihrer zu dieser Zeit wachsenden, später stadtähnlichen Befestigung der Steinsburg: von Süden aus dem Maintal nach Norden über die Pässe des Thüringer Waldes in das Thüringer Becken führend und von Osten von Böhmen her zwischen Rhön und Spessart nach Westen hin zum Rhein. Dies sind Wege, auf denen Eisen, Salz, Schmuck, Waffen befördert und ausgetauscht worden sein könnten und Kultur und Menschen wanderten. Bastionsartig ragt in diese Landschaft der Judenhügel (Wartberg) mit seiner 13 ha großen Befestigung als fester Punkt.

Die Zeit der reichen Gräber bricht in der frühen Späthallstattzeit ab. Die Großeibstädter Hallstattprovinz hatte ihre Blütezeit von 750 bis 600 v. Chr. (Hallstatt C1 – Hallstatt D). Sie war eine der bedeutenden Stationen in der Entwicklung der frühkel-

Der Judenhügel ragt als nördlichster Berg der Haßberge in das Grabfeld, in der Ferne die Gleichberge

tischen Kulturen der Hallstattzeit hin zur keltischen Latènekultur.

LATÈNEZEIT

Deutliches Kennzeichen der Latènezeit ist ein sich rasch ausbreitender Wandel eines neuen Kunststiles bei Schmuck und Keramik über weite Räume zwischen dem Atlantik und dem Balkan. Was sich in der vorangegangenen Hallstattzeit durch gerade Linien und strenge Formen äußerte, ist jetzt voller Schwung und Kurven. Es erscheint Leben durch Menschen- und Tierdarstellungen z. B. bei jetzt figürlich gestalteten Fibeln, wie Masken- und Vogelkopf-, Pferdchenfibeln usw. Dieser Stil kennzeichnet die Latènestufe A und ist in der Rhön am eindrucksvollsten durch den Griff der Borscher Bronzekanne und die Ostheimer Maskenfibel vertreten. Nur ca. hundert Jahre währte dieses bildreiche Schaffen keltischer Kunsthandwerker.

Dann, gegen 300 v. Chr., verbreitete sich in Mitteleuropa ein opulenter Schmuckstil, der mit üppigen, aber abstrakten Formen z. B. Hals- und Armringe ziert. Gerade die Rhön, die am Nordrand des keltischen Kulturraumes liegt, ist gesäumt von bedeutenden und ergiebigen Fundorten aus dieser mit Latène B bezeichneten Epoche.

Gab es damit aber auch Veränderungen im Leben der Menschen, etwa in ihren religiösen Anschauungen, deren Spuren man gerne in den Grabsitten erkennen möchte? Die Körper-Nachbestattungen der späten Hallstatt- und der frühen Latènezeit in den „alten" Hallstatt-Hügelgräbern mit ihren Brandgräbern lassen einerseits einen Wandel und andererseits einen Fortbestand von Traditionen erkennen. Solche Übergänge zeigten sich durch Nachbestattungen in zahlreichen Grabhügeln im Gebiet der Rhön.

Die Siedlungen der Hallstattzeit bestanden teilweise weiter. Allerdings erkannte man z. B. bei der einzigen im Landkreis durch großflächige Ausgrabungen erforschten befestigten Siedlung auf dem Eiersberg bei Mittelstreu mehrere Zerstörungsschichten und folgende Weiterbesiedlungen. Andere, dem Eiersberg verwandte, weiter entfernte Befestigungen zeigen ein ähnliches Bild.

Eine unruhige Zeit? Die über die Hallstattzeit hinweg beständige Weiterentwicklung der Siedlungen wird spätestens bei Beginn der mittleren Latènezeit (Latène B, ab 400 v. Chr.) beunruhigt. Ursache waren vermutlich die großen Wanderbewegungen der Kelten, die sich über Mittel-, West- und Südeuropa erstreckten und die auch in unserem Raum Auswirkungen zeigten. Nun ist in den Gräberfeldern ein Bruch in der Tradition zu erkennen. So liegt z. B. die Urspringer latène-A-zeitliche Nachbestattung noch in einem Hügel des zur Hallstattzeit bestatteten „Vorfahren" (s. Gräberfeld bei Urspringen). Anders die etwas jüngeren Ostheimer Latène-B-Gräber: sie liegen nicht in den nahen Gräbern der späten Hallstattzeit, sondern, wenn auch am gleichen Hang des Kleinen Lindenberges, doch mit 300 m Abstand zu den Hallstatthügelgräbern, deutlich abgesetzt in einem eigenen Flachgräberfeld (s. „Das keltische Gräberfeld bei Ostheim"). Die in der späten Hallstattzeit einheitliche Grablege des Toten mit dem Kopf im Süden verändert sich in der Frühlatènezeit. Noch nach Süd-Nord ausgerichtet sind z. B. zeitgleiche Gräber aus Zeuzleben (bei Schweinfurt) und eine Nachbestattung bei Urspringen, West-Ost-Ausrichtung zeigen dagegen ein Grab bei Stöckels (bei Fulda) und drei Gräber bei Einhausen an der Werra, und entgegengesetzt angelegt ist ein nach Nord-Süd orientiertes Grab von Creuzburg an der Werra. Eine deutliche Veränderung bringt der Wandel von der Körper- zur Brandbestattung gegen Ende der Mittellatènezeit, wonach schließlich in der Spätlatènezeit fast ausschließlich Brandbestattungen üblich sind. Deren geringe Reste beerdigt man in einfachen Grabgruben oder -mulden meist beigabenlos. Derart ungeschützt sind diese Gräber durch Erosion und Feldbestellung meist spurlos verschwunden.

Das Grabfeld lag am nördlichen Rand des keltischen Kulturraumes, war dadurch mit seiner einheimischen Bevölkerung Kontaktgebiet zwischen den sich von Norden ausbreitenden Germanen und dem keltischen Süden. Nördlich des Thüringer Waldes, im Thüringer Becken entwickelte sich mit starker Intensität eine dicht besiedelte Landschaft. Ihre Bewohner waren anfangs durch die Berührung mit der hoch entwickelten keltischen Kultur geprägt, aber bald von den sich von

Nordosten vehement ausbreitenden Germanen beeinflusst. So mag die wohlhabende germanische Schicht, besonders bei so exponierten Dingen wie Schmuck und Waffen, manches am andersartigen keltischen Gepräge geschätzt haben. Das jüngerlatènezeitliche Gräberfeld von Waltershausen entstand in dieser spannungsreichen Zeit.
Wie sieht es bei den einfacheren Belegen aus den 25 in Rhön-Grabfeld bekannten Flachlandsiedlungen aus? Um die Mitte der Latènezeit nimmt der Anteil der Drehscheibenkeramik deutlich zu und es erscheint die eigentümliche Grafittonkeramik. Diese Keramikqualitäten verschwinden dann gegen Ende der Latènezeit, die einzigartigen Glasarmringe aus den Keltenstädten gibt es nicht mehr, und der in Rhön-Grabfeld allerdings nur durch einige aufgefundene Münzen belegte Ansatz einer Geldwirtschaft erlischt.

Zu Anfang der Latènezeit erkennen wir starke kulturelle Einflüsse aus dem Süden und Westen über unseren Raum hinweg nach Norden und Osten. Diese Bewegung kehrt sich zum Ende der Latènezeit gegen 50 v. Chr. durch Veränderungen aus dem germanischen Nordosten um.

HÖHENBEFESTIGUNGEN

Der Eiersberg, Mittelstreu, Gemeinde Oberstreu, Lkr. Rhön-Grabfeld, Höhenbefestigung mit vor- und frühgeschichtlichen Funden, u. a. Hallstatt- und Früh- bis Mittellatènezeit

Die Höhe des Eiersberges ist eine sanft nach Westen ansteigende ebene Fläche, während ein steiler zum Streutal hin abfallender Hang die östliche Begrenzung bildet. Vom Tal aus teilt eine klei-

Blick über Mittelstreu zum Steilhang des Eiersberges mit seinem Abschnittswall

oben rechts: Eiersberg, Luftbild und Plan zeigen deutlich die Befestigung mit Steilhang, Schlucht und Abschnittswall, schwarz markiert die Grabungsflächen

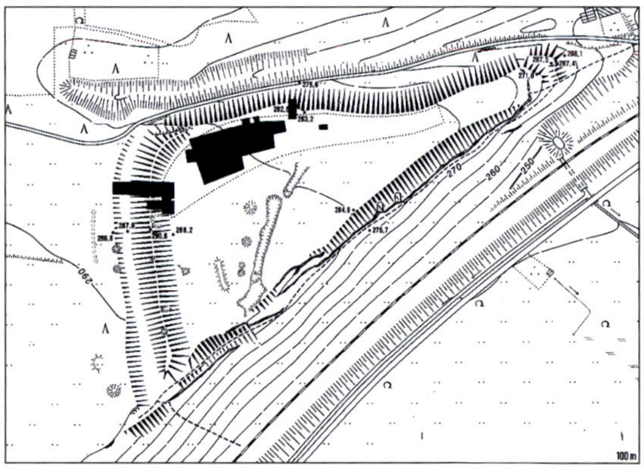

rechts und oben links: Eiersberg, der Hort aus Bronzeschmuck der späten Hallstattzeit mit Fußring, Armringen, Fibel, Armband u. a.

ne Schlucht einen spitzen Sporn aus dem Berg. Diese Topographie ist zur Anlage einer Befestigung im Streutal einmalig günstig. In verschiedenen vor- und frühgeschichtlichen Epochen nutzten Menschen sie. Durch den Bau von gegen die Hochfläche sperrenden Mauern mit vorgelagerten Gräben bestand hier ein Schutz bietender und beherrschender Ort. Gerade in keltischer Zeit erlebte diese Abschnittswallanlage eine Blüte. Der Eiersberg zählt mit seiner Innenfläche von 1,3 ha zu den kleinsten Befestigungen der Rhön.

Der Versturz der einstigen Mauer, der Abschnittswall und der Graben, sind noch heute im unbewaldeten Gelände eindrucksvoll zu erkennen. Erste Lesefunde von einem Acker im Inneren aus Epochen von der Steinzeit bis zum Mittelalter gaben Hinweise auf die Nutzung des Berges. Bedeutendster Fund aber wurde ein bisher einmaliger Bronzeschmuckhort, der schließlich Anlass zu Forschungsgrabungen des Bayerischen Landesamtes für Denkmalpflege (Außenstelle Würzburg) wurde. So legte man 1982 und 1985 zwei Wallschnitte und zusätzlich 1985 die wichtige Flächengrabung im Innern der Siedlung an. Mehrere approbierte Archäologen, Studenten und die ehrenamtlichen Mitarbeiter der Archäologischen Arbeitsgruppe Rhön-Grabfeld halfen, um ein für die Erforschung der Vorzeit wichtiges Ergebnis zu erreichen. Die bedeutendsten Erkenntnisse sind: vier Phasen des Abschnittswalles, jeweils mit Mauern und Gräben, darunter als Phase 4 eine mächtige Pfostenschlitzmauer aus Holz, Erde und Steinen; ferner ein Palisadengraben an der Flanke zur Schlucht. Weiter zeigte insbesondere die Flächen-

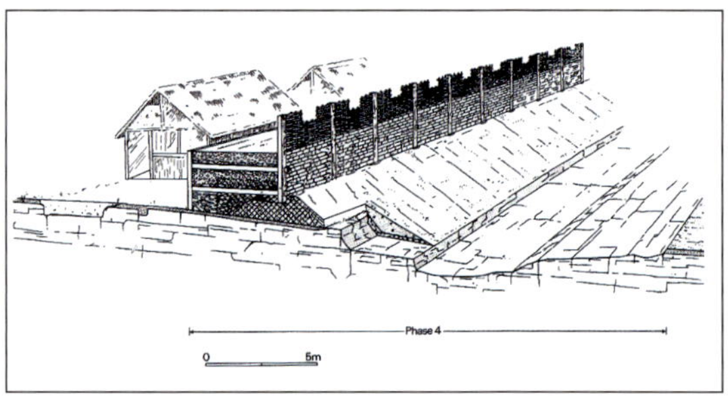

Eiersberg, nach den Ausgrabungen gezeichnete Rekonstruktion der keltischen Befestigung aus Mauer und Graben (Phase 4)

Eiersberg, die unter dem Wallversturz erhaltene Pfostenschlitzmauer der Latènezeit während der Ausgrabung

grabung eine intensive Siedlungstätigkeit mit zahlreichen zu Hausgrundrissen ergänzbaren Pfostenlöchern und Feuerstellen. Das „keltische Jahrtausend" ist durch Funde aus der Urnenfelderzeit, der Hallstatt- und der Latènezeit fast vollständig auf dem Eiersberg vertreten. Aber schon in der mittleren Latènezeit zeigt sich auch das Ende der keltischen Blütezeit dieser befestigten Siedlung. Mit einem Glasarmringbruchstück und einer Grafittonscherbe brechen gegen 250 v. Chr. die Funde ab. Auch hier im Streutal ist aber zu beobachten, dass nach einer Aufgabe oder Zerstörung der Bergfesten die Siedlungen im Tal weiter existierten.
Die wissenschaftliche Bearbeitung des Fundmaterials und der Grabungsdokumentationen fanden ihren Niederschlag in einer 1995 veröffentlichten Doktorarbeit. Die wichtigsten Fundstücke liegen in Vitrinen des Archäologischen Museums in Bad Königshofen. Der Eiersberg gehört mit der Siedlung „Widderstatt" bei Jüchsen (Lkr. Schmalkalden-Meiningen) zu den am besten erforschten und publizierten keltischen Siedlungen des Grabfeldes.

„Hohe Schule", Eußenhausen, Stadt Mellrichstadt, Lkr. Rhön-Grabfeld, Höhenbefestigung mit Funden der Hallstatt- und Latènezeit
Der Muschelkalkberg „Hohe Schule", früher auch Aalhauck (Alter Berg) genannt, erhebt sich 4 km nordöstlich des mittleren Streutales an der Wasserscheide von Main und Werra bis 538 m über NN. Sein flacher Gipfelbereich ist von teils gut, teils kaum noch erkennbaren, vermutlich eisenzeitlichen Befestigungen umzogen (Innenfläche: 5,5 ha). Dagegen zieht deutlich ein Abschnittswall mit Graben vor den südlich und westlich vorgelagerten Anhöhen. Dieser geradlinige Wall wurde später, wohl im frühen Mittelalter angelegt. Auch dieser Wall ist der Versturz einer Mauer, wie durch eine Wallschnittgrabung erkannt werden konnte.

Aussagekräftige Funde des Berges sind: hallstattzeitliche Scherben und, aus der Latènezeit, ein blaues Glasarmringbruchstück und eine Bronzefi-

Das untere Streutal vom Eiersberg gesehen

Ein Mühlstein aus Buntsandstein von der „Hohen Schule" bei Eußenhausen (Durchmesser 39 cm)

Am Horizont v. l. der Turmberg bei Stockheim, der Kohlberg und in der Mitte die „Hohe Schule", im Vordergrund der Fundplatz keltischer Gräber bei Ostheim

Funde von der Schwedenschanze auf dem Rehberg, eiserne Fibel der Frühlatènezeit (links) und bronzene Fibel der späten Hallstattzeit (rechts)

bel sowie ein erhaltener runder Mühlstein und weitere acht Bruchstücke derartiger Mühlsteine. Davon bestehen zwei aus Basaltlava und die restlichen aus Buntsandstein. Über die Herkunft des Gesteins wird eine derzeit laufende Untersuchung Auskunft geben.

Schwedenschanze auf dem Rehberg, Wechterswinkel, Gemeinde Bastheim, Lkr. Rhön-Grabfeld, Höhenbefestigung mit vor- und frühgeschichtlichen Funden, u. a. der Hallstatt- und Latènezeit

Der Rehberg erhebt sich steil über dem Elsbachtal und reicht nach über 1,5 km bis an den Frickenhäuser See. Einer seiner spornartigen Ausläufer trägt einen markanten ovalen Ringwall, dessen Verlauf verschiedene Entstehungsepochen erkennen lässt. Die umwallte Innenfläche beträgt 2,5 ha. Auf dem Rehberg begegnen sich die späte Hallstattzeit und die frühe Latènezeit durch eine bronzene Doppelpaukenfibel und eine eiserne Vogelkopffibel. Weitere früh- und mittellatènzeitliche Funde ergänzen die Bedeutung dieser kleinen keltischen Höhenbefestigung für das untere Elsbachtal, wie sie der in nur 3 km Entfernung liegende Eiersberg in der selben Epoche für das Streutal hatte.

DREI RINGWÄLLE IN DER SÜDRHÖN

Die Latènezeit-Fundortkarte der Rhön zeigt auffallend wenige Punkte in der südlichen Rhön. Nur zwischen Hammelburg und Bad Kissingen zeichnet sich eine kleine Siedlungskammer um die Schwedenschanze bei Elfershausen ab. Die Mettermich bei Bad Brückenau ist im weiten Umkreis die einzige bekannte Höhenbefestigung der Latènezeit.

Blick über Wechterswinkel zum Rehberg

Die Mettermich in der Südrhön (Mitte), rechts der Dreistelz, links die Schildeck

Eine Sonderstellung nimmt der hoch oben auf dem mächtigen Kreuzberg liegende Ringwall ein.

Kreuzberg, Haselbach, Gemeinde Bischofsheim, Lkr. Rhön-Grabfeld, Höhenbefestigung mit einigen unsicher datierbaren Scherbenfunden

Weit oberhalb der Täler von Brend und Sinn umzieht bei siedlungsunfreundlichen 938 m über NN ein Ringwall aus groben Basaltbrocken den ebenen Gipfel des Berges mit einer Innenfläche von 7 ha. Leider gibt es nur Nachricht von einigen unpublizierten, vermutlich metallzeitlichen, also bronze- oder eisenzeitlichen Scherben als einzige Funde. Auch hier muss man, wie bei vielen anderen Rhöner Wallanlagen, Forschungsgrabungen noch vermissen. Um die Funktion des Walles wird gerätselt. Gab es auf diesem das weite Umland beherrschenden Berg innerhalb des Steinwalls einen kultischen Ort? Zog der Kreuzberg schon in ferner Zeit die Menschen an, so wie heute die Wallfahrer und Biergenießer, Wanderer und Autofahrer?

Schwedenschanze bei Elfershausen, Elfershausen, Lkr. Bad Kissingen, Ringwall mit Funden der Hallstattzeit

Das Tal beherrschend liegt 160 m oberhalb der mittleren Fränkischen Saale der Ringwall mit einem vorburgähnlichen Wallzug. Bei Wegebauarbeiten am Wall konnte 1986 die Mehrphasigkeit des Walles erkannt werden. Es fanden sich hallstattzeitliche Siedlungsscherben.

Mettermich, Schondra, Lkr. Bad Kissingen, Höhenbefestigung mit latènezeitlichen Funden

Der 585 m hohe Basaltkuppenberg trägt eine eindrucksvolle Ringwallanlage, die Wälle liegen z. T. noch mauerähnlich aufragend. Um 1910 gab es archäologische Untersuchungen, durch die spätlatènezeitliche Scherben bekannt wurden. Die Mettermich liegt isoliert in einer bisher fundleeren Umgebung.

Brendlorenzen, die Fundstelle der Töpfersiedlung kurz nach ihrer Entdeckung in der großen Baustelle 2001

Brendlorenzen, Grabungssituation 2002

SIEDLUNGEN AUF DEM FLACHEN LAND

Entlang den Tälern von Fränkischer Saale, Milz und Streu reihen sich im Landkreis Rhön-Grabfeld über 25 bekannte Siedlungen der Latènezeit, die eine z. T. noch aus der Hallstattzeit herrührende Siedlungsintensität erkennen lassen. Mehrere überdauerten die unruhigen Zeiten und gehen gegen Ende der Latènezeit, wie es scheint, gleitend in die germanische Epoche über. Die Entdeckung dieser Siedlungen beruhen fast ausschließlich auf unzähligen Begehungen von Äckern und Baustellen durch begeisterte ehrenamtliche Mitarbeiter der Bodendenkmalpflege.

Brendlorenzen, „Am Lebenhaner Weg“, Stadt Bad Neustadt, Lkr. Rhön-Grabfeld, Flachlandsiedlung, mit Töpferöfen, der mittleren bis späten Latènezeit

Bald nach der Entdeckung durch ein Mitglied der Arbeitsgruppe Rhön-Grabfeld auf einer Baustelle war es offensichtlich, dass hier eine keltische Siedlung von überregionaler Bedeutung liegt, die eine dringende Rettungsgrabung erfordert. Die erste Grabung fand im Sommer 2001 statt, die zweite im März 2002, diesmal in Zusammenarbeit mit zwei Leipziger Archäologiestudenten.

DIE ARCHÄOLOGISCHEN BEFUNDE

Das Siedlungsgelände liegt auf einer Ebene unweit der Einmündung der Brend in die Fränkische Saale. Der Untergrund besteht aus sandigem Lösslehm. Den keltischen Töpfern war dieses anstehende Material der willkommene, gesuchte Werkstoff. Lehm ist allerdings sehr erosionsanfällig; deshalb muss man sich den keltischen Laufhorizont wohl 0,5 bis 1,0 m oberhalb der heutigen Oberfläche vorstellen. Alle bei den Grabungen festgestellten Objekte sind demnach nur die Reste von durch die einstigen Siedler eingetieften Gruben.

Pfostenlöcher: Eindeutige Pfostenlöcher konnten nur bei den eingetieften, vermutlichen Grubenhäusern und bei den Öfen (Überdachungen?) doku-

Brendlorenzen, Schnitt durch die beiden Schürkanäle eines Töpferofens, darüber die Lochplatte des Brennraums

Brendlorenzen, der eigentümliche Steinrost eines Ofens

mentiert werden. Pfostenlöcher einst gewiss vorhandener ebenerdig gebauter Häuser sind der Erosion zum Opfer gefallen.

Lehmgruben: Viele Hohlräume sind wohl durch die ansässigen Töpfer beim Graben nach frischem Lehmmaterial entstanden. Dabei können die trichterförmigen, glockenförmigen oder unregelmäßigen Gruben entstanden sein.

Abfallgruben: Zerbrochenes Geschirr, abgekochte und abgenagte Tierknochen, Feuerstellenreste und sonstiger Abfall wurden immer wieder mal aufgeräumt und im nächsten Erdloch entsorgt. Besonders gut war dies in Gruben mit bis zwölf Einfüllschichten zu beobachten.

Brennöfen: Herausragende Fundobjekte sind die sechs Brennöfen. Sie sind sowohl von ihrer Zahl als auch durch ihre interessanten technischen Details und unterschiedlichen Bauweisen für die Forschung im keltischen Kulturraum von großer Bedeutung. Alle Öfen scheinen aufgrund ihrer Technik Keramikbrennöfen gewesen zu sein. Dass die Kelten hier getöpfert haben, beweist auch die große Menge gefundener Keramikscherben, die z. T. von Fehlbränden stammen.

Das Bauprinzip dieser in den Boden eingetieften, stehenden Öfen wurde schon über Jahrhunderte zuvor in der Urnenfelderzeit angewandt und fand bis ins Mittelalter Anwendung. Im Steinsburgmuseum bei Römhild steht ein sehr anschauliches Schnittmodell eines solchen Ofens in originaler Größe.

Bei drei Öfen waren technische Bestandteile besonders gut erhalten: zwei parallele Schürkanäle, eine erhaltene Lochplatte über dem Feuerraum bzw. Teile davon und ein bisher einmaliger Rost aus Steinen statt einer Lochplatte sowie Stabilisierung der Feuerkammern durch Steine.

DIE FUNDE

Keramik: Die Menge an geborgenen Keramikscherben ist enorm. Die Scherben füllten etwa 200 Kästen. Das Gros der Scherben gehört zu der am Ort gefertigten Drehscheibenware guter Qualität von meist schwarzer Farbe. Auf vielen Scherben sieht man Kammstrichverzierungen mit Wellen- und geraden Bändern, die als ortstypisches Muster angesehen werden können. Aber auch mehr oder weniger sorgfältig handgetöpferte Ware ist vertreten. Von weither gehandelt erscheint die hart gebrannte dickwandige Keramik sehr großer fassartiger Vorratsgefäße, die sicher mit uns unbekannter Handelsware (Wein?) gefüllt waren. Und es gibt auch Töpfe aus mit Grafit vermengtem Ton aus der Gegend von Passau.

Schlacken: Die in mehreren Gruben gefundenen verschiedenartigen Schlacken können nach ihrer Untersuchung sicher Auskunft über ihre Entstehung evtl. bei Metallarbeiten geben.

Tierknochen: In fast allen Gruben lagen Tierknochen als Mahlzeitreste. Sie stammen von Rind, Schwein, Schaf oder Ziege, Pferd, Hund, Vögeln und von Nagetieren, u. a. Biber.

Werkzeuge: Herausragend ist eine zweiteilige Gussform für radförmigen Schmuck aus feinem Sandstein, welche einen deutlichen Hinweis auf

Brendlorenzen, Scherbe eines Tontopfes mit ortstypischer Verzierung

Metallarbeiten gibt. Einfache eiserne Werkzeuge sind eine Schere und verschiedene Messer. Zur Textilfertigung gehören einige tönerne Spinnwirtel. Fragmente einiger Mühlsteine aus Basaltlava und Buntsandstein von den erst ab dieser Zeit üblich werdenden zweiteiligen Drehmühlen ergänzen das Siedlungsfundspektrum.

Schmuckstücke: Schmuckstücke gestatten präzise Datierungen, insbesondere Fibeln wie die beiden prägnanten bronzenen Stücke aus der Mittellatène- (LT C) bzw. Spätlatènestufe (D1). Mehr als zehn Fragmente eiserner Fibeln lassen an Fibelproduktion an diesem Ort denken.

Zum Schmuck gehören Bruchstücke von drei Glasarmringen, drei Glasperlen und einige kleine Stücke Rohbernstein. Ein ganz ungewöhnliches Fundstück ist eine kleine Gemme aus honigfarbener Glaspaste mit einer eingestempelten Frauenfigur. Gemmen dieser Art stammen wohl aus dem italischen Raum und datieren in das 2. oder 1. Jahrhundert v. Chr., ein schöner Beleg für die weit in den Süden reichende Beziehung unserer Rhön-Grabfeld-Kelten.

Brendlorenzen, zweiteilige Gussform für radförmigen Schmuck

Die Brendlorenzer Keltensiedlung steht mit ihren qualitätvollen Handwerkserzeugnissen in einer späten Blütezeit der keltischen Kultur und kurz vor deren Ende im letzten Jahrhundert vor Christus.

Brendlorenzen, bronzene Fibel der Spätlatènezeit

Brendlorenzen, bronzene Fibel der Mittellatènezeit

FIBELN: ZWECK - SCHMUCK - URKUNDE

Eine Fibel (lateinisch *fibula*: Klammer – Spange) ist von ihrer Entstehung her betrachtet ein reiner Zweckgegenstand: Mit ihr lassen sich zwei Stoffenden eines Kleidungsstückes gut aneinanderheften und auch wieder lösen. Im Gegensatz zu den zuvor gebrauchten einfach gesteckten Gewandnadeln ist die Fibelnadel im Nadelbett des Fibelbügels sicher eingelegt und mittels einer Spiralfeder fest und beweglich, so wie bei der modernen Fibel, nämlich unserer Sicherheitsnadel. Im Gegensatz zu deren seit ca. einem Jahrhundert gleichen, schmucklosen Form haben die vorgeschichtlichen Fibeln bald nach ihrer Erfindung auch ein schmückendes, sich ständig veränderndes, modisches Äußeres bekommen, gleich unseren modernen Broschen. Diese Veränderungen macht die Fibel zur interessanten Datierungshilfe und ist damit das Lieblingsfundstück der Archäologen.
Die ersten Fibeln mit Spiralwindung wurden südlich der Alpen in Oberitalien im 13. Jahrhundert v. Chr. entwickelt; von dort breiteten sie sich im 7. Jh. v. Chr. nach Mitteleuropa aus und entwickelten hier bald schon eigenständige Formen.

Fibeln aus drei Jahrtausenden: links: sog. Violinbogenfibel, Oberitalien, 13. Jh. v. Chr.; Mitte: sog. Vogelkopffibel, Steinsburg bei Römhild, 4. Jh. v. Chr.; rechts: sog. Sicherheitsnadel, Deutschland, 20. Jh. n. Chr.

DER BESONDERE EINZELFUND

DIE OSTHEIMER MASKENFIBEL – EINE FIGÜRLICHE FIBEL DER FRÜH-LATÈNEZEIT

Die Fibel ist gegen 1910 in einer benutzten Sandgrube in dem Bezirk „Waldhöhn" von einem Ostheimer Bürger zufällig gefunden und dann sorgfältig aufbewahrt worden. Erst 20 Jahre später erkannte der Finder die Bedeutung des Stückes durch einen publizierten Beitrag über die Borscher Bronzekanne und sandte es als Geschenk an das damalige Germanische Museum in Jena, das spätere Institut für Ur- und Frühgeschichte der Friedrich-Schiller-Universität. Dort befindet sich die Fibel bis heute, von Anfang an in Gesellschaft der Borscher Kanne, wie vielleicht schon einmal vor ca. 2400 Jahren. Denn die Ergebnisse einer 1984 in Jena an beiden Stücken durchgeführten metallurgischen Untersuchung und gusstechnische Merkmale lassen eine gemeinsame Herkunft sehr wahrscheinlich sein. Leider gibt es weder in Jena noch in Ostheim weitere Nachrichten zu den Fundumständen oder einem genaueren Fundort. Der genannte „Waldhöhn" oder „Höhn" erstreckt sich 4 km nördlich von Ostheim über einen Kilometer Länge.

Der 8,5 cm lange Fibelkörper hat die ab Latène A gebräuchliche S-Form; er entstand mittels eines Bienenwachsmodels im Guss der verlorenen Form. Die Nadel und eine Hälfte der Spiralwicklung mit innerer Sehne und die Abschlusskugeln fehlen.

Der markante Fibelfuß ist ein zurückgewandter Tierkopf – etwa eines Greifen mit geöffnetem Schnabel? Oder es ist ein Pferdekopf mit den Riemen des Zaumzeuges (freundlicher Hinweis von Christian Aschenbrenner, 2008), Pferdedarstellungen auf keltischen Münzen unterstützen diese interessante Deutung.

Der bauchige Bügel ist reich verziert mit Voluten, Perlreihen und zwei Reihen von präzis geformten buckelgefüllten Zick-Zack-Ornamenten, die stets als Hallstatt-Element gesehen wurden.

Alle Verzierungen der Fibel haben sehr gute Qualität in ihrer Gestaltung und technischen Ausführung. Dies zeigt insbesondere die menschliche Maske am Fibelkopf, mit welcher der einheimische keltische Bronzekunsthandwerker im Wechsel von Zier und erstrebtem naturalistischem Ausdruck hohes Können erkennen lässt.

Diese Maske prägen eine markante Hakennase, stark betonte Augen, eine Haarlocke und ein stilisierter Kinnbart. Genau diese Merkmale sind auch die des etruskischen Dämons Charun, wie sich bei Darstellungen auf Grabmalereien des 5. bis 3. Jahrhunderts v. Chr. in Etrurien erkennen lässt. Folgt man dieser Parallele, hätte die Ostheimer Maskenfibel eine wichtige Bedeutung in der Erkenntnis kultureller Bezüge des keltischen mitteleuropäischen Raumes zum etruskischen Hochkulturraum und wäre eines der wenigen Beispiele direkter bildlicher Darstellung dieses Bezuges.

Es stellt sich die Frage: War in der Ostheimer Maskenfibel mit dem Greifenkopf und der Maske nur ein geheimnisvolles Bilderwerk geschaffen worden oder wurde vielleicht auch in keltischen religiösen Vorstellungen existierenden Dämonen Gestalt gegeben?

Sucht man nach dem Ort einer Werkstätte, die solche qualifizierten Schmuckstücke schaffen konnte, sollte man den gesamten keltischen Raum zwischen der Mosel und dem Prager Becken in Betracht ziehen.

Rekonstruktion der Ostheimer Maskenfibel durch die Werkstätte des Museums für Ur- und Frühgeschichte Thüringens in Weimar

Die Ostheimer Maskenfibel, ein reich verziertes Schmuckstück der frühen Latènezeit, Länge 8,5 cm

Eine Rarität: ein unzerbrochener keltischer Glasarmring – ein Grabfund aus Süddeutschland

DER BESONDERE SIEDLUNGSFUND

KELTISCHE GLASARMRINGE – EINE EXQUISITE SCHMUCKFORM IN BRUCHSTÜCKEN

Attraktiv farbig und in raffinierter Technik hergestellt, so erscheint im keltischen Raum ab dem 3. Jahrhundert v. Chr. eine bis dahin nicht gekannte Schmuckform. Es sind Glasarmringe, fugenlos aus einem Stück hergestellt, von leuchtender meist tiefblauer Farbe und mit höchst einfallsreichen plastischen Mustern verziert. Noch ist ihre Herstellung mit Geheimnissen behaftet. Das Rohmaterial kam sicher in Form großer Glasbarren aus dem Mittelmeerraum, aber die nahtlose Fertigung der Ringe geschah in einer nur von keltischen Handwerkern beherrschten Technik. Im weiteren Umkreis der Rhön sind einige Glaswerkstätten bekannt: Bad Nauheim (80 km), Berching-Pollanden, Kundl und die Keltenstadt Manching (200 km) oder in Böhmen Stradonice (270 km). Jedoch gelang es bisher noch nicht, eine Glasmacherwerkstatt auszugraben, deren Werkzeuge oder Werkstücke die Herstellungstechniken, insbesondere die der Profilleisten, erkennen lassen könnten.

So beliebt dieser Schmuck bei den Keltenfrauen auch war, Betrübnis gab seine Zerbrechlichkeit. Die heutigen Archäologen erfreuen dagegen die vielen, meist in Siedlungen gefundenen Bruchstücke. Farben, Formen und Verzierungen geben Hinweise auf Alter und Herkunft des oft weit verhandelten Schmuckes. So zeigt die auffallende Fundortdichte von keltischen Glasarmringfragmenten im Grabfeld zwischen oberer Werra, oberer Fränkischer Saale und Streu eine starke Beziehung zum keltischen Süden, vielleicht aber auch nach Westen und Osten zu den oben genannten Herstellungsorten. Aus dem Landkreis Rhön-Grabfeld kennt man etwa 80 Fundstücke und allein aus der Siedlung „Widderstatt" bei Jüchsen (Lkr. Schmalkalden-Mei-

Bruchstücke von keltischen Glasarmringen aus dem Landkreis Rhön-Grabfeld (Auswahl)

ningen) gut 100 Stücke. Dagegen fällt die Fundleere im Bereich der nördlichen Rhön auf.
Ein Zeichen beginnender Unruhe ist, dass in der Rhön schon vor dem Ende der keltischen Zivilisation das Vorkommen der Glasarmringe stark zurückgeht. Und sie verschwinden völlig gegen 50 v. Chr. Keine Nachfolgekultur, weder Germanen noch Römer, erzeugt wieder diese perfekt gefertigte und schöne Schmuckform.

GRABFUNDE

Ostheim vor der Rhön, „Vor der Heergrube“, Lkr. Rhön-Grabfeld, kleines Flachgräberfeld der Frühlatènezeit

Beim Rübenhacken machte ein Ostheimer Landwirt 1979 auf seinem Feld am auslaufenden Hang des Kleinen Lindenberges die Entdeckung eines keltischen Gräberfeldes der Frühlatènezeit. Seine ersten Funde waren ein kompletter Armring und die Hälfte eines Halsringes aus Bronze. Durch die anschließend begonnene Flächengrabung der Archäologischen Arbeitsgruppe Rhön-Grabfeld wurden z. T. in weit verstreuter Lage weitere zwei Dutzend Fundstücke geborgen. Die Feldbestellung des vorangegangenen Herbstes mit Tiefpflügen, und mehrfaches Eggen hatte sie aus ihrer ursprünglichen Lage aus den Gräbern in die Pflugschicht verlagert. Die einzigen auf eine menschliche Bestattung hinweisenden Fundstücke sind Zahnschmelzreste. Diese waren durch die Berührung mit Bronzeschmuck grün patiniert und

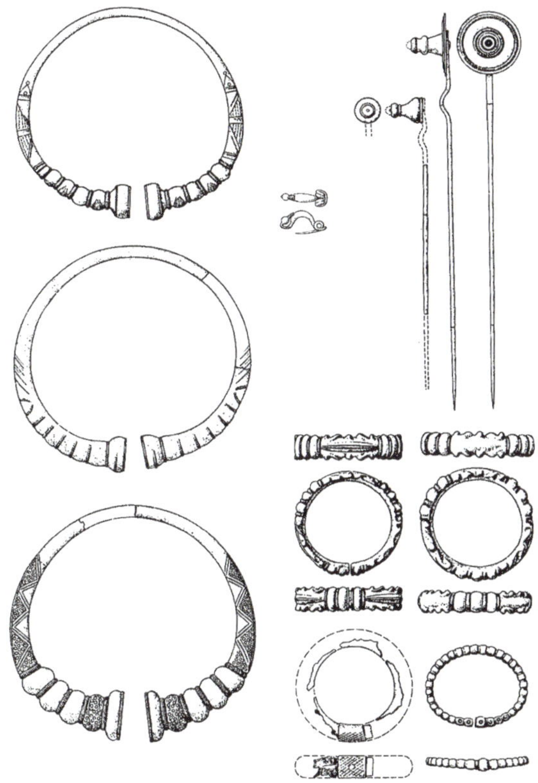

Ostheim „Vor der Heergrube“, am Kleinen Lindenberg, keltischer Bronzeschmuck aus Frauengräbern, Hals- und Armringe, kleine Vogelkopffibel, Schmucknadeln

Der Kleine Lindenberg bei Ostheim vor der Rhön, an dessen Fuß Gräberfelder der Urnenfelderzeit, der Hallstattzeit und der Latènezeit gefunden wurden

Der erste Fund des Gräberfeldes bei Waltershausen: ein geschmiedetes Eisenmesser (Länge 42 cm)

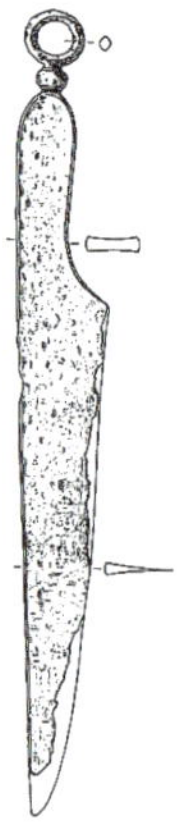

dadurch als letztes Relikt der ansonsten im kalkfreien Lehmboden vergangenen Skelette vor dem gänzlichen Zerfall bewahrt worden.
Anhand der drei gefundenen Halsringe erkennt man, dass hier mindestens drei Körpergräber angelegt worden waren, denn in der Mode jener Zeit trugen Frauen diese schweren Ringe einzeln. Die Ostheimer Halsringe wiegen 178, 241 und 505 g. Der letztere ist der schwerste Bronzehalsring des gesamten keltischen Raumes.
Alle gefundenen Schmuckstücke gehören dem Formenschatz der Frühlatènestufe – Lt B an. Bestechende Parallelen zu den Ostheimer Grabfunden zeigen sich in verschiedenen Gräberfeldern: 10 km westlich bei Fladungen; westlich der Rhön bei Oberbimbach und bei Stöckels nahe Fulda; dann am nördlichen Rand der Rhön an der Werra bei Creuzburg und, vor allem, im großen Gräberfeld von Leimbach bei Bad Salzungen sowie an einem alten Werraübergang oberhalb Meiningens beiderseits des Flusses in zwei Gräberfeldern bei Einhausen. Weiter entfernte Fundpunkte dieser Schmuckform liegen östlich des Thüringer Waldes, im Orlagau um Pößneck und westlich am Mittelrhein, an Mosel und Marne.

Nachbildung des mit Koralle u.a. verzierten großen Halsringes (Rekonstruktion: Bayerisches Landesamt für Denkmalpflege, Außenstelle Würzburg)

Waltershausen, „Steinrücken“, Bronzeschmuckensemble aus einem Brandgrab: Nadel, Fibel, Halsring, Armring, Gürtelschmuck, Durchmesser des Scheibenhalsringes 22 cm

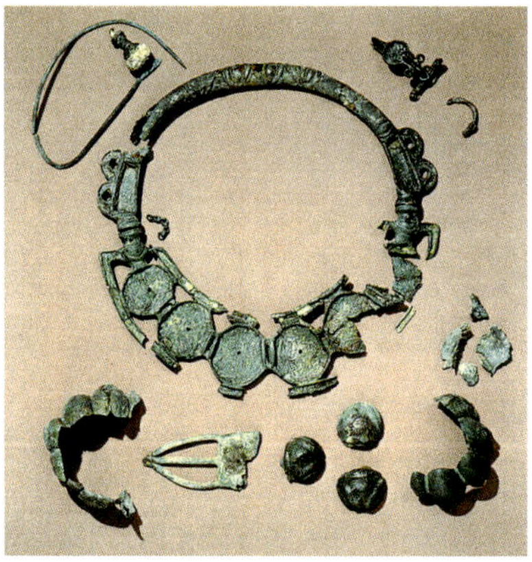

Waltershausen, „Steinrücken“, Gemeinde Saal an der Saale, Lkr. Rhön-Grabfeld, kleines Brandgräberfeld der jüngeren Latènezeit

Erster Fund war ein großes 42 cm langes, eisernes Messer, später viele Bruchstücke von Bronzeschmuck, die einem aufmerksamen Landwirt bei der Feldbestellung in den Blick kamen. Anschließende Rettungsgrabungen ließen zumindest noch zwei flach unter der Pflugschicht liegende Brandgräber deutlich erkennen. Die Zusammensetzung der höchst attraktiven Schmuckkollektion eines Frauengrabes zeigt Einflüsse aus unterschiedlichen, sich beeinflussenden Kulturräumen der damaligen keltischen und auch germanischen Sphäre. So stellt sich bei diesen ausgeprägten Schmuckstücken die schwierige Frage: Was ist „noch keltisch“ oder „schon germanisch“?
Der besondere Fund, ein kragenartiger mit Koralle verzierter Halsring, galt über zehn Jahre als ein einmaliges Exemplar, bis im Jahr 2003 überraschend über 200 km nördlich, bei Hameln an der Weser, ein gleiches Stück gefunden wurde. Südwärts dagegen, in der Keltenstadt Manching bei Ingolstadt an der Donau, finden sich die besten Parallelen zu dem hervorragend geschmiedeten Waltershausener Eisenmesser; Beziehungen und Kontakte über weite Entfernungen.

Etwa 100 Jahre später, um 50 v. Chr., nur eine Wegstunde von Waltershausen entfernt, werden bei Aubstadt Gräber der ersten von jenseits des Thüringer Waldes eingewanderten Germanen angelegt.

MUSEEN, DIE ZEUGNISSE AUS DER KELTENZEIT BEWAHREN

DAS STEINSBURG-MUSEUM IN RÖMHILD

MATHIAS SEIDEL

Die Steinsburg und das gleichnamige Museum bilden ein in Thüringen einmaliges Ensemble. Im Sattel der beiden Gleichberge gelegen, bietet das Steinsburgmuseum anhand zahlreicher archäologischer Funde, 1:1 Rekonstruktionen und Modelle anschauliche Einblicke in die Lebenswelt der von der Steinzeit bis zum Mittelalter in Südthüringen siedelnden Menschen. Im Mittelpunkt der 1996 eingerichteten Dauerausstellung steht die Namen gebende befestigte Großsiedlung der Kelten, die vom 6.–1. Jahrhundert v. Chr. bestand. Um die Mitte des 1. Jahrhunderts wurde die Steinsburg von ihren einst mehreren tausend Bewohnern verlassen und abgesehen vom Bau einer Wallfahrtskapelle im 13. Jahrhundert nie wieder dau-

Fundstück im Steinsburgmuseum

Steinsburgmuseum

Münzen und Drehmühlen im Steinsburgmuseum

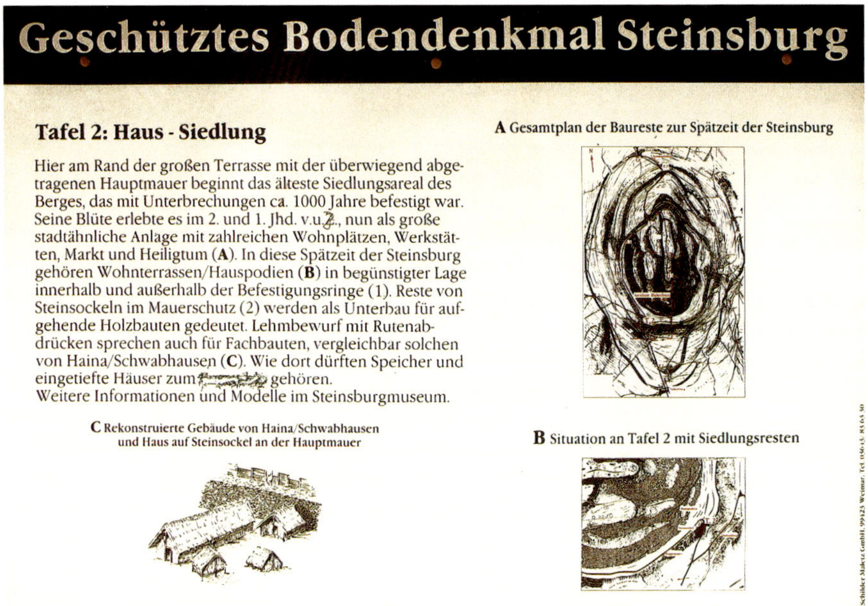

Archäologischer Erlebnisweg

erhaft besiedelt. Erst in der ersten Hälfte des 19. Jahrhunderts erkannte man die einstige Bedeutung der Steinsburg, als beim Basaltabbau Mauern freigelegt wurden und zahlreiche eisenzeitliche Funde (Waffen, Geräte, Schmuck u. a.) zutage kamen. Um die bis zum Beginn des 20. Jahrhunderts zahlenmäßig stark angewachsenen Funde zusammenzuführen und der interessierten Öffentlichkeit zu präsentieren sowie deren wissenschaftliche Bearbeitung zu fördern, erfolgte 1929 der Bau des Museums. Heute beherbergt das Steinsburgmuseum eine der umfangreichsten Sammlungen archäologischer Funde aus der Keltenzeit in Deutschland. Im Museumsshop besteht die Möglichkeit zum Erwerb von Fachliteratur sowie von hochwertigen Replikaten, u. a. keltischer Vogelkopffibeln oder Tongefäße. Bei guter Sicht kann man anschließend nach einem ca. 35–45-minütigen Aufstieg von der 642 m hohen Kuppe („Akropolis") ein einzigartiges Panorama vom Thüringer Wald über die Rhön bis zur Veste Coburg genießen. Zwei 2008 von der Gemeinde der Steinsburgfreunde aufgestellte Panoramatafeln erleichtern die Orientierung. Den vorgeschichtlichen Reichtum des Gleichberggebietes erschließen der archäologische Wanderweg und ein Abschnitt des vom mittelfränkischen Bad Windsheim bis zum Dolmar bei Meiningen führenden Keltenerlebnisweges. Die Mitarbeiter des Steinsburgmuseums freuen sich auf Ihren Besuch.

Öffnungszeiten:
Dienstag bis Sonntag: 9.00–17.00 Uhr
Führungen nach rechtzeitiger Voranmeldung

Eintrittspreise:
Erwachsene: 2,00 Euro
Schüler: 0,50 Euro
Rentner und Ermäßigte: 1,00 Euro
Gruppen über 10 Personen: 1,00 Euro

Steinsburgmuseum
Waldhaussiedlung 8
D-98631 Römhild
Telefon: 036948 20561
seidelm@tlda.thueringen.de
www.thueringen.info/steinsburgmuseum

500 000 JAHRE KULTURGESCHICHTE IM VONDERAU MUSEUM IN FULDA

FRANK VERSE

Vonderau Museum in Fulda

Das Vonderau Museum liegt am Universitätsplatz im Zentrum Fuldas. Es ist seit 1994 im Gebäude des ehemaligen päpstlichen Seminars der Jesuiten untergebracht, das 1584 von Papst Gregor XIII. gegründet wurde. Dem Museum stehen etwa 6100 m² Fläche zur Verfügung, von denen 3500 m² für die Dauerausstellung und 500 m² für Wechselausstellungen genutzt werden. Die Dauerausstellung besteht aus drei in sich geschlossenen Schausammlungen zur Kulturgeschichte von Stift und Stadt Fulda, zur Naturkunde Osthessens sowie zur regionalen Malerei und Skulptur. Zur kulturgeschichtlichen Ausstellung gehören neben der vor- und frühgeschichtlichen Abteilung auch diejenigen zu „Kloster und Landesherrschaft", „Untertanen und Bürger" sowie „Stadtgeschichte und Industrialisierung".

Den Grundbestand der Abteilung für Vor- und Frühgeschichte bilden die Ausgrabungen des Fuldaer Vorgeschichtsforschers Prof. Dr. h. c. Joseph Vonderau, nach dem das Museum seit 1938 benannt ist. Vonderau führte zwischen 1897 und 1941 zahlreiche Ausgrabungen durch. Zu seinen bekanntesten Grabungen gehören die Untersuchungen am Fuldaer Dom und Domplatz, an der Langebrückenstraße sowie an den vorgeschichtlichen Gräberfeldern beim Schulzenberg und Lanneshof.

Bevor man die Abteilung für Vor- und Frühgeschichte betritt, kommt man an einem großen Geländemodell vorbei, welches das Fuldaer Becken und die umgebenden Höhen von Rhön und Vogelsberg zeigt. Dieses Modell vermittelt einen guten Eindruck von den verschiedenen Landschaftstypen und ihren spezifischen Anforderungen an die menschliche Besiedlung.

Die vor- und frühgeschichtliche Abteilung ist chronologisch gegliedert. Sie reicht von der Altsteinzeit über die Bronze- und Eisenzeit bis zur Kaiserzeit und dem beginnenden Mittelalter. Die Untergliederung der einzelnen Perioden wird durch eine Zeittafel am Beginn der Ausstellung gut veranschaulicht. Die einzelnen Zeitstufen werden darüber hinaus gesondert erklärt. Einen Schwerpunkt der Ausstellung bilden die wechselnden Grabbräuche, die speziell beschrieben werden. Weiterhin werden bedeutende Fundorte, wie der Haimberg, die Milseburg oder die Gräberfelder von Molzbach und Lanneshof, gesondert vorgestellt, ebenso besondere Entwicklungsschritte, wie die Steingeräteherstellung oder der Bronzeguss.

Der erste Raum ist der steinzeitlichen Besiedlung gewidmet. Von überregionaler Bedeutung sind die Geröllgeräte, die dem Alt- und Mittelpaläolithikum zuzuordnen sind. Sie deuten auf die Anwesenheit des *Homo erectus* in Osthessen hin, der als ältester Vertreter der Gattung *Homo* in Mitteleuropa gilt. Die Bandkeramik, mit der die Jungsteinzeit beginnt, ist durch einige Scherben und Steingeräte belegt. Die Menschen wurden nun sesshaft und entwickelten eine bäuerliche Lebens- und Wirtschaftsweise. Auch die nachfolgenden Kulturen der Jungsteinzeit sind vor allem durch zahlreiche Steingeräte, insbesondere Beile und Äxte, gut dokumentiert. Bemerkenswert ist die Rekonstruktion eines endneolithischen Grabes der Schnurkeramik. Dieses zeigt eine Hockerbestattung, der ein einzelnes Gefäß als Beigabe mitgegeben wurde.

Die Bronzezeit wird im Museum durch zahlreiche Fundstücke und Rekonstruktionen dargestellt. Viele Ausstellungsstücke stammen aus dem Umfeld der fruchtbaren Lößgebiete bei Großenlüder und dem Fuldaer Becken. Neben einigen Tongefäßen werden zahlreiche Bronzebeigaben ausgestellt, darunter Schwerter, Beile sowie Schmuckstücke wie Nadeln, Arm- und Halsringe. Neben Bronze wurden auch andere Materialien zur Schmuckherstellung verwendet. Zu diesen gehören der Bernsteinschieber aus Rönshausen, die Bernsteinperlen aus Steinau sowie die Golddrahtspirale aus Unterbimbach.

Die reichste bisher aus Osthessen bekannte Bestattung ist das sog. „Mädchen von Molzbach". Die im Museum als Kopie ausgestellte Ausstattung der etwa 17–20-jährigen Frau besteht u. a. aus einem Halsring, Radnadeln, Armbergen, einem Beinring und einem bronzenen Gürtelblech. Außerdem war ihre Kleidung mit Reihen bronzener Tutuli geschmückt. Die Verbreitung der einzelnen Schmuckstücke könnte auf eine Herkunft der Frau aus Unterfranken hindeuten.

Die Entwicklung des Bestattungsbrauches wird durch einige lebensgroße Modelle veranschaulicht. Während der Mittelbronzezeit hat man die Toten unverbrannt in Grabhügeln niedergelegt. Die Bestattungen wurden zumeist zusätzlich durch Steine geschützt. Das im Museum wiedergegebene Modell ist einem Befund bei Eichenau nachempfunden und zeigt noch eine hallstattzeitliche Nachbestattung in der Hügelschüttung.

Die nachfolgende Urnenfelderzeit wird durch ein Körperflachgrab und ein Urnengrab dargestellt, die auf der Basis von Funden am Lanneshof rekonstruiert wurden. Einen guten Überblick über die Grabausstattung der Urnenfelderzeit bieten in zwei Vitrinen ausgestellte Grabbeigaben, die aus den Gräberfeldern bei Lanneshof zwischen Künzell und Petersberg sowie am Finkenberg bei Oberbimbach stammen. Dort wurden zahlreiche Urnen gefunden, die teilweise durch ein bis zwei weitere Gefäße sowie eine Gewandnadel ergänzt wurden. Von besonderer Bedeutung war auch die urnenfelderzeitliche Befestigungsanlage auf dem Haimberg bei Fulda, die ein wichtiger Zentralort von überregionaler Bedeutung gewesen ist. Im Museum sind vor allem die zahlreichen Bronzefunde ausgestellt, die dort im Laufe mehrerer Jahre bei Steinbrucharbeiten gefunden wurden. Wahrscheinlich stammen sie aus verschiedenen Hortfunden, die dort niedergelegt worden waren. Bei den Bronzefunden handelt es sich um Waffen, Geräte und Schmuckstücke. Es ist wahrscheinlich, dass einige dieser Stücke auf dem Haimberg selbst gefertigt wurden.

Die Eisenzeit, mit der die keltische Besiedlungsgeschichte in Osthessen verbunden werden kann, wird ebenfalls gut durch Grabfunde dargestellt. Auch hier stammen viele Gräber aus dem Umfeld der fruchtbaren Lößgebiete um Großenlüder. Zunächst wird die in der vorangegangenen Urnenfelderzeit ausgeübte Brandbestattung weiter fortgesetzt. Die im Museum ausgestellten Gräber der beginnenden Eisenzeit (frühe Hallstattzeit) stammen u. a. vom Mühlberg bei Oberbimbach. Die Ausstellung ermöglicht einen Vergleich mit den zuvor benutzten Tongefäßen und macht Veränderungen daher gut sichtbar. Als Urnen wurden nun vor allem Töpfe mit s-förmigem oder kurzem Steilrand verwendet. Daneben kommen Schalen bzw. Schüsseln häufig vor, die oft zur Abdeckung der Urnen dienten. Viele Gefäße waren verziert. Zu den beliebtesten Verzierungen gehören Ritzungen und Fingertupfeneindrücke, seltener sind Dellen und Knubben.

Neben den Urnenflachgräbern gab es ab der späten Hallstattzeit auch vermehrt Körperbestattungen sowie Hügelgräber, wobei die Bestattung oft in bereits vorhandenen Hügeln früherer Epochen erfolgte. Die wenigen bekannten Körpergräber sind zumeist recht reich ausgestattet, so dass sie einen guten Eindruck vom Schmuck der hallstattzeitlichen Bewohner Osthessens vermitteln. Die Gräber von Unterbimbach, „Lingegrund" oder

oben: Nachbau eines hügelgräberbronzezeitlichen Grabhügels mit hallstattzeitlicher Nachbestattung auf Basis der Grabungsergebnisse bei Eichenau

oben links: Körperbestattung mit Wendelring, Steigbügelarmringen, Kahnfibel und Bernsteinperlen aus Grab 1 bei Unterbimbach, „Lingegrund"

Oberbimbach, „Schnepfenfeld" enthielten Paukenfibeln, Wendelringe, Steigbügelarmringe sowie Bernsteinperlen. Bei Unterbimbach, „Straßenhecken" kommen neben Steigbügelarmringen und Bernsteinperlen noch sog. Segelfibeln hinzu. Die meisten dieser Grabbeigaben weisen Verbindungen in den süddeutschen Raum oder nach Thüringen auf. Allerdings liegen zu Grab 1 von Unterbimbach, „Lingegrund" mit Wendelring, 12 Steigbügelarmringen, Bogenfibel und Bernsteinperlen auch gute Parallelen bei Kassel-Wehlheiden vor.

Bei den zumeist beigabenarmen Brandgräbern sind Kontakte zu den Nachbarräumen weniger klar erkennbar. Die Kegelhalsgefäße weisen in südliche Richtung, insbesondere ein rot bemaltes und mit Grafitmustern verziertes Gefäß aus Molzbach belegt Verbindungen nach Süddeutschland und der Wetterau. Die bauchigen Kegelhalsgefäße mit kurzem Schrägrand aus Fulda-Niesig haben ihre besten Parallelen im südlich anschließenden Grabfeld. Andererseits besitzen die grobkeramischen Grabgefäße, die oft als Urnen verwendet werden, ihre besten Vergleiche im Grabbrauch Nordhessens.

Insgesamt zeigt sich, dass die hessische Rhön während der Hallstattzeit intensive Kontakte zu ihren Nachbarräumen besitzt. Die im süddeutschen Hallstattraum beginnenden Veränderungen im Grabbrauch, bei denen die Urnenflachgräber durch überhügelte Körpergräber abgelöst werden, setzen sich in der hessischen Rhön nur sporadisch durch. Der Grabbrauch bleibt hier wie auch in Nordhessen stark urnenfelderzeitlichen Traditionen verhaftet. Letztendlich bildet sich während der Späthallstattzeit ein eigenständiger Kulturraum nördlich des süddeutschen Hallstattkreises heraus, dessen östlicher Abschnitt trotz einiger Unterschiede Ost- und Mittelhessen einschließt. Ein Beleg dafür sind die kleinen Steilrandtöpfe mit kalenderbergartiger Reliefverzierung, die in beiden Gebieten vertreten sind. Der Übergang zum Ausstellungsbereich mit Funden der jüngeren Eisenzeit (Latènezeit) wird durch eini-

Zwei Paukenfibeln aus Grab 1 bei Unterbimbach, „Straßenhecken", Hügel 4

Zwei Segelfibeln aus Oberbimbach, „Binz", Hügel 1, Grab 3

Kegelhalsgefäß aus einem Grab bei Fulda-Niesig

Gefäß mit Reliefverzierung vom Typ Kalenderberg aus Grab 1 bei Unterbimbach, „Straßenhecken“, Hügel 4

ge Holzkisten mit Keramik von der Milseburg markiert, die noch aus der Zeit von J. Vonderau stammen.

Gräber sind aus dieser Zeit nur wenige bekannt, was an Veränderungen im Grabbrauch liegen kann, der unter anderem zur Anlage von Flachgräbern führte, wie die Gräberfelder bei Stöckels und Unterbimbach belegen. Von dort stammen Gefäße mit geometrischer Strichverzierung sowie Hiebmesser, wobei von einem jedoch nur noch der mit Bronze eingefasste Griff vorhanden ist. Die bronzenen Trachtbestandteile sind oftmals verziert und insgesamt üppiger gestaltet als zuvor. Besonders interessant ist ein Halsring mit der Darstellung eines menschlichen Gesichts im keltischen Stil. Ein Vergleich mit den zumeist recht schlichten Schmuckstücken der Hallstattzeit macht eine Entwicklung deutlich, die zur Herausbildung eines keltischen Zierstils führte.

Dabei deuten u. a. die Halsringe mit Stempelenden (Torques) durchaus auf die Grablege höher gestellter Persönlichkeiten hin. Eine ebenfalls in Stöckels vorkommende Tutulusnadel gehört zu einer Formengruppe, die von Mittelhessen bis Thüringen verbreitet ist, jedoch in ihrer speziellen Ausformung zusammen mit einer Nadel aus Oberbimbach als typische Vertreterin der hessischen Rhön gelten kann und somit auf eine in gewissem Umfang eigenständige Trachtprovinz hinweist.

Die Herausbildung eines frühlatènezeitlichen Kontaktraumes, der unter Einschluss der hessischen Rhön von Mittelhessen bis Thüringen reicht, wird auch an der mit Hessisch-Thüringischer Strichverzierung versehenen Keramik deutlich, die unter anderem auch auf der Milseburg gefunden wurde. Ebenfalls von der Milseburg stammen Gefäße, die mit Stempelmustern vom sogenannten Typ Braubach verziert sind und kulturelle Kontakte bis in das Rheingebiet hinein belegen.

Um 400 v. Chr. setzt eine deutliche Klimaverschlechterung ein, die zumindest als ein Auslöser der keltischen Wanderungen angesehen werden kann. Im Zuge der damit verbundenen gesellschaftlichen Umbrüche kommt es auch in der hessischen Rhön zu Veränderungen. Alte Siedlungsplätze brechen teilweise ab und aus der nachfolgenden Spätlatènezeit sind in der hessischen Rhön keine Gräber mehr bekannt, obwohl zahlreiche Siedlungsstellen eine dichte Besiedlung während dieser Zeit belegen. Mit der sogenannten keltischen Oppida-Kultur, die mit der Milseburg eine überregional bedeutende Siedlungsstelle in der hessischen Rhön besitzt, beginnt am Ende des 3. Jahrhunderts v. Chr. ein neuer Kulturabschnitt.

So steht auch die Milseburg im Mittelpunkt dieser Abteilung. Die Ausstellung zeigt ein Geländemodell der Milseburg sowie Rekonstruktionen der Befestigungsanlage und einer dort gefundenen Kesselaufhängung. In einer weiteren Vitrine wer-

rechts oben: Zwei Gefäße mit Hessisch-Thüringischer-Strichverzierung und die bronzene Grifffassung eines Hiebmessers aus Unterbimbach, „Igelsfeld“, Hügel 3, Grab 6 und Hügel 6, Grab 4

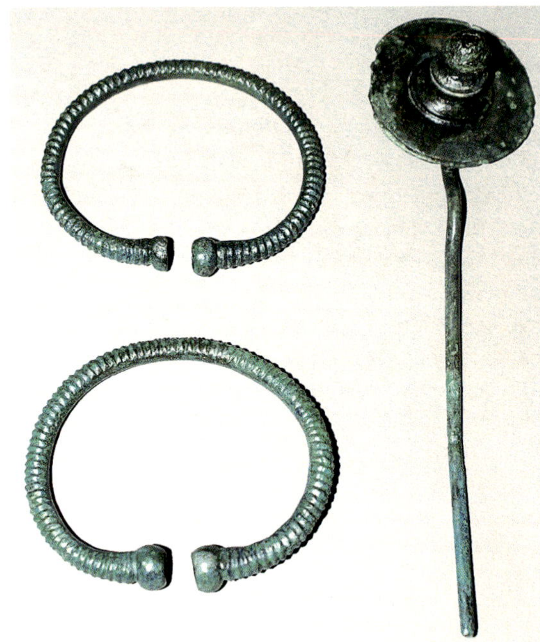

rechts unten: Zwei Armringe und eine Tutulusnadel aus einem Grabhügel bei Oberbimbach, „Finkenberg“

den die auf der Anlage gefundenen Waffen und Arbeitsgeräte ausgestellt. Zu den Waffen gehören vor allem Lanzenspitzen und -schuhe. Eine interessante Ergänzung zu den Waffenfunden der Milseburg stellt das Schwert vom Habelberg bei Tann dar, von dem sogar noch Reste der eisernen Scheide erhalten sind. Zum Handwerksgerät gehören Sicheln, Herdschaufeln, Beile und Meißel. Zusammen mit den auf der Milseburg gefundenen Gefäßen und Münzen geben sie einen guten Einblick in die damalige Lebens- und Arbeitswelt.

Neben den Funden aus befestigten Siedlungen werden im Museum auch solche von unbefestigten Siedlungen ausgestellt. Dazu gehören neben Keramik auch das Fragment eines Glasarmringes und Spinnwirtel. Letztere dokumentieren ein häusliches, in erster Linie für den Eigenbedarf betriebenes Handwerk.

Den Abschluss der Abteilung für Vor- und Frühgeschichte bilden Funde der Kaiserzeit und des frühen Mittelalters. Das ausgestellte Keramikmaterial der Kaiserzeit stammt vor allem von einer Grabung am Domhügel in Fulda. Einer kleinen Zahl von Scherben elbgermanischer Prägung stehen deutlich mehr gegenüber, die dem rhein-weser-germanischen Formenspektrum angehören. Neben der einheimischen Keramik werden aber auch aus dem Römischen Reich importierte Gegenstände gezeigt. Dazu zählen einige Scherben Terra Sigillata sowie mehrere römische Münzen.

Aus der karolingischen Epoche des frühen Mittelalters und damit aus der Frühzeit der Klostergründung stammen einige Keramikscherben, Tierknochen, mehrere Knochenkämme sowie der Riemenbeschlag eines Wehrgehänges.

Das Vonderau Museum bietet eine geschlossene Übersicht zu den archäologischen Funden Osthessens von der Altsteinzeit bis zum beginnenden Mittelalter, an die die anderen Abteilungen der kulturgeschichtlichen Ausstellung anschließen. Dem archäologisch interessierten Besucher sei aber auch ein Abstecher in die Schausammlung zur Naturkunde empfohlen, da er dort gute Einblicke in die Lebenswelt auch der vorgeschichtlichen Bewohner Osthessens erhält. Die dort dargestellten Ergebnisse einer Pollenuntersuchung im Roten Moor in der Hochrhön lassen die Landschaftsentwicklung sogar bis in das 6. Jahrtausend v. Chr. und damit bis in die Zeit der frühen Jungsteinzeit zurückverfolgen.

Christian Aschenbrenner erläutert den Teilnehmern einer Lehrerfortbildung die keltische Besiedlung der Rhön vor einem Modell der Milseburg

Öffnungszeiten:
Dienstag bis Sonntag 10.00 bis 17.00 Uhr
Montag geschlossen
Das Museum ist an allen Feiertagen, auch wenn diese auf einen Montag fallen, geöffnet.

Eintrittspreise:
Erwachsene: 3,00 Euro
Ermäßigte*: 2,00 Euro
Gruppen ab 15 Personen:
Erwachsene: 2,00 Euro
Ermäßigte*: 1,00 Euro
*Jugendliche von 6–18 Jahren, Auszubildende, Studenten, behinderte Menschen, Schüler, Wehr- und Zivildienstleistende
Dienstags freier Eintritt in die Dauerausstellung!

Vonderau Museum
Jesuitenplatz 2
36037 Fulda
Telefon: (06 61) 9 28 35-0
Fax: (06 61) 9 28 35-13
museum@fulda.de
www.museum-fulda.de

DAS KONRAD-ZUSE-MUSEUM MIT STADT- UND KREISGESCHICHTE IN HÜNFELD

CHRISTIAN ASCHENBRENNER

Direkt neben der stattlichen spätgotischen Jakobuskirche, an höchster Stelle innerhalb der Altstadt, Kirchplatz 4–6, gelegen, befindet sich das Hünfelder Museum, das heute den Namen des Computererfinders Konrad Zuse (1910–1995) trägt. Die verschiedenen Abteilungen des Museums sind seit einigen Jahren in vier zusammenhängenden Häusern, am Rand der Altstadt Hünfelds und am Fuldaer Berg gelegen, untergebracht. Diese Häuser sind durch architektonisch angepasste Zwischen- und Brückenübergänge miteinander verbunden, so dass die Hünfelder hier liebevoll von der „Museumsinsel" sprechen. Im alten Schulhaus von 1829 sind im Kellergewölbe Phasen der Beleuchtungstechnik im Altkreis Hünfeld, vom Kienspan über Öl- und Petroleumlampen bis zur ältesten Turbine aus Hünhan (Betriebszeit von 1910 bis 1983) zur Erzeugung des Stroms der ersten Elektrifizierung, sowie Ursachen, Anlass, Verlauf und historische Bedeutung der „Schlacht beim Quecksmoor" im Rahmen des „Bruderkriegs" von 1866 und auch der große Stadtbrand von 1888 dokumentiert. Im Erdgeschoss laden sakrale Kunst mit einem bedeutenden Tischbeingemälde und einer barocken, signierten Holzstatue des Bildhauers Kessler sowie Exponate zur Stadt- und Industriegeschichte Hünfelds ein. Dabei stehen alte Geräte der Firma Wella und Fastnachtsmasken der Firma Preußler im Vordergrund. Der erste Stock ist der Sammlung verschiedener Zuse-Computer gewidmet, die das moderne Kernstück des Museums ausmacht. Hier stehen nicht nur Nachbauten der Z 3, des ersten Computers der Welt, sondern mehrere Produkte der seit 1949 zuerst in Neukirchen, dann zwischen 1957 und 1967 in Bad Hersfeld produzierenden Zuse-AG. Im Hünfelder Museum, das den Namen des Computerpioniers trägt, der zwischen 1949 bis zu seinem Tod 1995 in der Haunestadt lebte, wird auch des Künstlers Zuse gedacht. Eine umfangreiche Schau zeigt Druckgrafiken, Originalstaffelei und großformatige Ölbilder des Computerpioniers, die seine Suche nach künstlerischem Ausdruck dokumentieren. Das Dachgeschoss beherbergt ein Natur- und Jagdmuseum, Dokumente des ehemaligen Kreises Hünfeld bis 1972 und die Räume für Sonderausstellungen. Im sog. „Küsterhaus" wird eines interessanten Hünfelder Künstlers, Ernst Bräuning (1921–1983), gedacht. Über eine Stahl- und Glas-

brücke erreicht man das Nachbarhaus mit Landschaftsmodell, Kreisgeschichte, Dokumenten der Altdeutschen Buntweberei und der Johann-Adam-Förster-Abteilung, einem Demokraten, Paulskirchenabgeordneten und ehemaligen Bürgermeister Hünfelds gewidmet, der 1850 in die USA emigrieren musste. Eine beeindruckende Ausstellung der ehemaligen jüdischen Gemeinden im Kreisgebiet, besonders der Eiterfelder „Judengalgen" von 1933 und Dokumente der Verfolgung und des Holocaust mit einem Modell der 1938 zerstörten Burghauner Synagoge und Deportationslisten mahnen gegen das Vergessen! Bürgerliches Wohnen um 1900 und Kommunikationstechnik in Form der Entwicklung des Radios werden vorgestellt. Zeitgeschichtliche Dokumente der in Hünfeld zwangsverpflichteten Fremdarbeiter und Kriegsgefangenen, der „Ehemaligen von Hünfeld", Kriegsende, Flucht und Vertreibung sowie das Leben an der innerdeutschen Grenze bis 1989 und die Rolle der Amerikaner von der Besatzung zur Partnerschaft, sowie der Hünfelder Partnerstädte Landernau (F), Proskau (PL) und Steinberg im Vogtland, führen in die jüngste Geschichte ein.

In den beiden Kellerräumen des vierten Museumsgebäudes befindet sich die geologische Abteilung mit einer Inszenierung eines Lebensbildes vor ca. 240 Millionen Jahren, als verschiedene Saurierarten in der Region Eiterfeld-Körnbach ihre Fährtenabdrücke hinterlassen haben. Ein Überblick der wichtigsten Gesteine der Region und ihrer industriellen Nutzungen, Buntsandstein, Muschelkalk, Braunkohlen und Basalt/Phonolith sowie typische Fossilien von Sedimentgesteinen (Kalisalze im Untergrund), rundet das Bild der Erdgeschichte ab. Die Abteilung Vorgeschichte dokumentiert einen der ältesten Schlagplätze der Altsteinzeit Mitteleuropas. Hinweise auf die Anwesenheit des Frühmenschen Homo erectus vor mehr als 800 000 Jahren in der Region Hünfeld-Großenbach zeigen Geröllgeräte, die sog. Pebble-tools, die älter als Faustkeile sind. Mittelpunkt ist hier die Inszenierung eines Lagerplatzes vor der Kulisse des heutigen Hessischen Kegelspiels. Die mittlere Bronzezeit um 1500 vor Chr. wird durch einen Einblick in das Hügelgrab von Molzbach, erforscht 1931, dokumentiert. Das „Reiche Mädchen von Molzbach", ein Frauengrab mit gekrönten Radnadeln,

Landschaft bei Hünfeld mit dem Hessischen Kegelspiel

Im Museum Hünfeld

Hals-, Arm- und Fußreif, mit Tutuli – auf das Gewand aufgesetzten Bronzehütchen – und ortsfremdem Gürtelblech, repräsentiert die Tracht einer hochgestellten Person. Eine Figurine in rekonstruierter Tracht mit dem „goldfarbenen" Bronzeschmuck verdeutlicht diese Zeit. Keramiken der sog. „Urnenfelderzeit" aus Molzbach-Sandstrauch markieren den Übergang zu Brandgräbern und zur Hallstattzeit. Die Ergebnisse der Grabungen in Mackenzell mit der Entdeckung einer eisenzeitlichen Dorfanlage werden im Museum durch einen Einblick in den Innenraum eines „frühkeltischen-hallstattzeitlichen Hauses" präsentiert. Das, was vor Ort in den beiden rekonstruierten Häusern in Mackenzell nicht gezeigt werden kann, wird hier im Museum verdeutlicht: eine Hauseinrichtung von vor ca. 2760 Jahren! Ein rekonstruierter Brennofen, Einblicke in die Töpfereiherstellung und die Technik des Getreidereibens mit Hilfe von Unterlieger und Läufersteinen runden den Einblick in den Dorfalltag der jüngeren Hallstattzeit vor etwa 2700 Jahren ab.

Öffnungszeiten:
Dienstag, Mittwoch, Freitag, Samstag und Sonntag von 15.00–17.00 Uhr geöffnet

Eintrittspreise:
Erwachsene: 2,50 Euro
Ermäßigte*: 1,00 Euro
Gruppenpreis ab 10 Personen: 2,00 Euro
Führungen: 20,00 + 2,00 Euro Eintritt für Erwachsene, nach Anmeldung. Außerhalb der o. g. Zeiten ist das Museum auch für Gruppen nach Absprache geöffnet.
*Jugendliche, Schüler, Behinderte

Konrad-Zuse-Museum
Kirchplatz 4–6
36088 Hünfeld
Telefon: 06652/ 919884
Fax: 06652/919879
zuse-museum@huenfeld.de
www.zuse-museum-huenfeld.de

DAS ARCHÄOLOGISCHE MUSEUM IM GRABFELDGAU IN BAD KÖNIGSHOFEN

WALTER JAHN

Als sechstes Zweigmuseum der Archäologischen Staatssammlung München wurde das Archäologische Museum in Bad Königshofen 1988 eröffnet. Träger sind die Stadt Bad Königshofen, der Landkreis Rhön-Grabfeld und die Archäologische Staatssammlung München.
Vorangegangen waren die Sanierung und der denkmalgerechte Ausbau des Museumsgebäudes, der

Das Archäologische Museum in Bad Königshofen

Beigaben aus einem Wagengrab: kostbare Bronzegefäße (original) und Schinken (rekonstruiert)

„Schranne“ – einem Schüttbau des Klosters Wechterswinkel von 1693.
In drei Geschossen des Gebäudes werden in großzügiger Weise bedeutende Funde des Grabfeldgebietes und des nordöstlichen Unterfrankens gezeigt. Aus der Vielzahl von Fundkomplexen seien nur als eine der archäologischen Besonderheiten des Grabfeldes die bekannten Großeibstädter Wagengräber der Hallstattzeit genannt. Diese sind durch einen naturgetreuen Aufbau einer großen Grabkammer mit einem rekonstruierten Wagen und vielen wertvollen Beigaben eindrucksvoll veranschaulicht. Bedeutend sind auch die Sammlung von Trennwandschalen und die keltischen Schmuckstücke von Waltershausen.
Im Erdgeschoss werden wechselnde Sonderausstellungen zu unterschiedlichsten Themen gezeigt.

Zudem ist hier die Steinzeitwerkstatt des Museumspädagogischen Zentrums Bad Königshofen untergebracht. Diese Einrichtung ist besonders für Schulklassen und Gruppen eine Attraktion, bietet

Blick in eine rekonstruierte Großeibstädter Grabkammer im Archäologischen Museum Bad Königshofen

Das Museum für Grenzgänger in Bad Königshofen

sie doch Einblick in Leben und Handwerkstechniken vorgeschichtlicher Menschen.
Im Rückgebäude der Schranne, dem sogenannten Salzhaus, befindet sich das „Museum für Grenzgänger".
Es besteht auch die Möglichkeit zu Führungen an den Außenanlagen, wie den Resten der Grenzanlagen und dem „Bayernturm" bei Zimmerau.

Öffnungszeiten:
Dienstag von 10.00–12.00 Uhr u. 14.00–16.00 Uhr
Donnerstag von 10.00–12.00 Uhr u. 17.00–19.00 Uhr
Samstag und Sonntag von 14.00–17.00 Uhr
zusätzlich von April bis Oktober
Mittwoch und Freitag von 14.00–16.00 Uhr

Eintrittspreise:
Erwachsene: 2,00 Euro
Rentner, Behinderte, Auszubildende, Kurkarteninhaber, Gruppen ab 15 Personen: 1,50 Euro
Jugendliche, Studenten, Schüler: 1,00 Euro
Kinder bis 6 Jahre frei

Archäologisches Museum Bad Königshofen
Martin-Reinhard-Straße 9
97631 Bad Königshofen
Telefon: 09761/40934 oder 09761/721472
Fax: 09761/40950
info@schranne.info
www.dieschranne.de

REKONSTRUIERTE KELTENSIEDLUNGEN, SCHAUPLÄTZE UND WANDERN AUF DEN SPUREN DER KELTEN

WALTER HÖHN

Um die Keltenwelt hautnah nachzuerleben und Einblicke in die vorrömische Eisenzeit zu vertiefen, sind in den letzten Jahren zahlreiche Siedlungen nachgebaut und Lehrpfade angelegt worden. Am besten überzeugt das praktische Beispiel und schließlich wird damit auch dem enorm gewachsenen Interesse an diesem frühgeschichtlichen Entwicklungsabschnitt entsprochen.
Die Anlagen im österreichischen Hallstatt, das Keltenpfahldorf in der Steiermark, die Heuneburg an der oberen Donau, die Keltensiedlung von Bundenbach im Hunsrück, die Keltensiedlung des Europäischen Kulturparkes Bliesbruck-Reinheim, das Keltendorf Gabreta, der Archäologische Rundweg Seeon-Seebruck am Chiemsee und der Fürstensitz vom Glauberg sind herausragende Beispiele rekonstruierten Keltenlebens und hautnaher Schauplätze. Dem Beispiel folgend sind im Lebensraum Rhön ebenfalls solche Anlagen entstanden, die wir vorstellen wollen.

Sünna mit dem Öchsen- und Dietrichsberg

DAS KELTENDORF UND DAS KELTENHOTEL SŰNNA

Unterhalb des Sattels zwischen dem Öchsen- und Dietrichsberg, nahe dem thüringischen Sünna, ist seit 2004 ein Keltendorf entstanden. Im idyllisch gelegenen, von hohen Buchen des nahen Waldes umgebenen Wiesengrund, der „Goldene Aue" genannt wird, ist das Keltendorf zu finden, gleich neben dem Keltenhotel, das es schon länger gibt. Das wohl bisher einzige Keltenhotel Deutschlands besticht mit einer Küche, mit deren Speisen man keltisches Essen erschmecken, nachempfinden kann (auf dem Speiseplan stehen saisonal abgestimmte Fleisch- und Gemüsekreationen mit Kräutern und Pilzen aus den umliegenden Fluren und Wäldern). Das Restaurant ist mit keltischen Raumelementen, handgemalten Keltenszenen und einem offenen Kamin gestaltet.

Keltenhotel und Keltendorf, dazu der Wanderweg „Keltenpfad" sind hier entstanden, weil die keltische Siedlung auf dem Öchsen und die zahlreichen Funde auf dem Berg, im nahen Deicheroda und Borsch, auf dem Dietrichsberg und am Riemen bei Völkershausen auf eine herausragende Bedeutung schließen lassen.

Keltendorf in der österreichischen Steiermark im Dorf Hohentauern

Keltendorf und Keltenhotel in Sünna

Anfang des Jahres 2004 wurde der Förderverein „Eisenzeitlich- keltische Geschichte in der Rhön" e. V. gegründet, dem über 50 Mitglieder angehören. Als Aufgabe im Regionalen Entwicklungskonzept verwirklichte der Verein mit Unterstützung von EU-Fördermitteln den Bau des Keltendorfes. Er konsultierte dabei Wissenschaftler und machte sich sachkundig, indem sowohl Hallstatt als auch andere Keltendörfer besucht wurden. Einheimische Firmen und Handwerker, Helfer aus dem Förderverein und aus der Region erbauten die Siedlung, die 2006 im Wesentlichen fertiggestellt war. Danach galt und gilt, das Dorf zu vervollständigen und mit Leben zu erfüllen.

Das Keltendorf besteht aus dem Eingangsbereich mit Infocenter und Torhaus, einem Wachturm, drei unterschiedlich großen Grubenhäusern, dem Langhaus mit offenem Kamin, einem großen Handwerkerhaus, alles aus Holzfachwerk, Rutengeflecht und Stroh-Lehmgemisch erbaut. Die Dächer sind mit Holzschindeln gedeckt.

Zum Keltendorf gehört weiterhin die überdachte Schmiede mit Esse, Amboss und Blasebalg, der kuppelförmige Lehmbackofen und als Dorfmittelpunkt eine überdachte Feuerstelle, errichtet aus heimischen Basaltsteinen. Ein kleiner Brunnen, die Sanitätseinrichtung und hohe Holzpalisaden ver-

Grubenhaus

vollständigen die Siedlung. Im Außenbereich befindet sich ein Platz für Speerwerfen, Bogenschießen und andere Spiele.
Das Keltendorf versteht sich nicht als Museum herkömmlicher Art, vielmehr wird der Versuch unternommen, keltisches Leben nachzuempfinden, ähnlich zu wohnen, zu arbeiten und zu feiern wie zu jener Zeit. Angeboten werden allgemeine und Aktionsführungen, Führungen der verschiedensten Art. Während der Aktionsführungen können die Gäste aktiv teilnehmen beim Schmieden oder anderen Handwerkertätigkeiten wie dem Arbeiten mit Leder, Kammweben und Töpfern, dem Filzen und Färben von Wolle, Backen im Lehmkuppelofen oder Kochen auf offenem Feuer, Pfeil- und Bogenbau oder Bronzegießen. Kriegerschau, Pferdewanderungen, Bogenschießen und Speerwerfen,

Restaurant im Keltenhotel

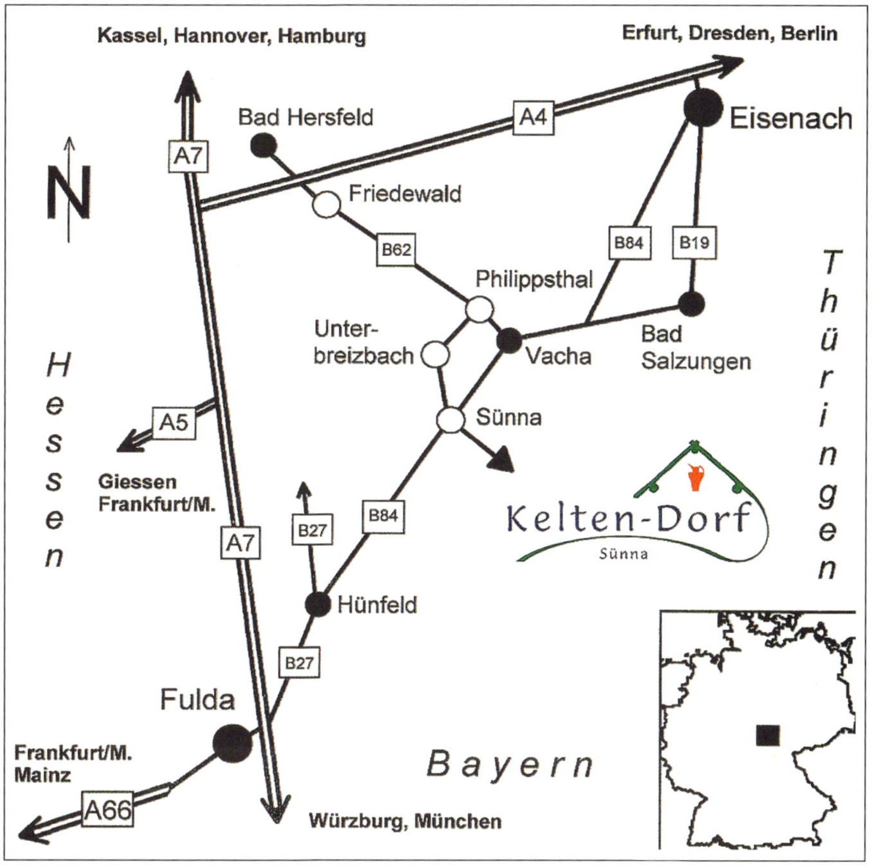

Luftaufnahme vom Keltendorf und -hotel

oben links: Im Langhaus
oben rechts: Bogenschießen
unten links: Kampfszene
unten rechts: Handwerkerhaus

Hinkelsteinwerfen und Musizieren mit Trommeln, Rasseln und Naturinstrumenten sind weitere Programmpunkte. Vermittelt wird im Keltendorf auch altes Wissen der Naturheilkunde, soweit das noch möglich ist. Kräuter und Kräfte der Natur wussten die Kelten viel besser für Heilung und Gesundheit zu nutzen, als es heutzutage der Fall ist.

Bewährt haben sich vielfältige Veranstaltungen über das ganze Jahr, die von vielen Gästen besucht wurden und werden. Das sind Vollmondfeste, Jahresfeste, Seminare, spezielle Veranstaltungen für Schulklassen, sogar Kindergartenkinder. Im Lang-

Kräuterfrau

Offene Feuerstelle im Keltendorf

haus feiern Familien und Vereine. Das keltische Ambiente wird durch die kulinarischen Angebote des Keltenhotels abgerundet. Da gibt es Keltenkringel vom Grill, Spanferkel aus dem Lehmbackofen, warmen oder kalten Met und andere Köstlichkeiten.
Höhepunkt im Jahr ist das stets Anfang August stattfindende Lughnasadh als ein keltisches Fest zu Beginn der Erntezeit. Bewährt haben sich internationale Keltenlager, die zum Zeitpunkt des Lughnasadhfestes über eine Woche lang pulsierendes Leben im Dorf demonstrieren. Keltendarsteller und -gruppen aus mehreren Bundesländern Deutschlands, der Slowakei und Italien zeigen dabei ihr Können. Eine Exkursion der Fördervereinsmitglieder ins Archäologische Museum in Frankfurt a. M. hatte den Anstoß gegeben, die Keltenwoche und das Lughnasadhfest 2009 unter dem Motto „Das weiße Gold der Kelten" zu gestalten. Neben keltischem Leben allgemein wurde recht anschaulich vorgeführt, wie zu jener Zeit das so begehrte Salz gewonnen wurde. Jährliche internationale Keltenwochen sollen zur Tradition werden und sich jeweils einem bestimmten Thema widmen.

Das Keltendorf mit seinem reichen Angebot zur Wissensvermittlung vorzeitlicher Geschichte und den vielen Möglichkeiten zum aktiven Mitwirken ist nicht nur für die Bewohner der thüringischen Rhön eine Bereicherung. Aus dem ganzen Land und auch aus anderen Ländern kamen und kommen Gäste in eine Region, die man im Ergebnis jüngerer Geschichte vernachlässigt hatte. Zu DDR-Zeit war wegen der Nähe zur Zonengrenze hier Sperrgebiet.
Das 3. Internationale Keltenlager 2009 fand vom 25. Juli bis zum 9. August unter dem Motto „Salz, das weiße Gold der Kelten" statt. Mehrere Programmpunkte widmeten sich diesem Thema.
Etwa 50 Keltendarsteller waren angereist, um das Keltendorf mit Leben zu erfüllen. Die deutschen und italienischen Keltengruppen Teutates, Sirona Celtoi, Touta Taurini, Teuta Brig, Norei Celtoi und Krieger der Bridhe waren es, die gemeinsam mit dem gastgebenden Förderverein, Gruppen und Helfern aus der Region auch den Höhepunkt des Keltenlagers gestalteten: das keltische Erntefest Lughnasadh am 1. und 2. August. Unterstützt wurden sie dabei vom Team des Keltenhotels, das weitgehend auf originelle Weise die Versorgung der vielen Gäste übernommen hatte.

Italienische Keltendarsteller

Lughnasadhfest

Reichhaltig, unterhaltsam und lehrreich war das bunte Programm. Mit Schülern aus München, die im Langhaus mehrere Tage wohnten, war nach dem Vorbild aus Bad Nauheim eine verkleinerte Version des Salzsiedeofens aus Lehm gebaut worden. Ihr weißes Gold siedeten Keltendarsteller während des Erntefestes. Über den Salzabbau in den Stollen des österreichischen Hallstatt war auch

Salzsieder

Krieger

Modenschau im Langhaus

während einer Modenschau zu erfahren. Während der Modenschau wurde keltische Kleidung aus den verschiedenen Epochen eindrucksvoll vorgestellt. Weitere Programmhöhepunkte waren Krieger- und Waffenschau sowie die Demonstration antiker Kampftechniken. Auf Schultern getragene Häuptlinge kämpften um die Gunst der Keltenprinzessin, die mit der Keltenfürstin aus Bad Salzungen zu Gast war.

Ebenso beeindruckend der Aufzug und das Spiel der Fuldaer Highlanders, wie auch keltische Musik und Tanz durch Axel Brück und Freunde.
Das alles und mehr bereicherte keltisches Handwerk wie Spinnen, Weben, Schnitzen, Drechseln, Filzen, Töpfern, Schmieden, Schmuckherstellung, Färben, Gerben, Bronzeguss. Es gab Bogenschießen und Hinkelsteinwerfen, archäologisches Graben für Kinder, Kinderschminken mit keltischen Motiven. Keltischer Schmuck wurde präsentiert und regionale Händler boten Fachliteratur, Obstweine u. a. an. Selbstverständlich war der kuppelförmige Lehmbackofen in Betrieb, aus dem es köstlich nach frischgebackenem Brot duftete.
Zudem, was zu sehen, zu erschmecken und mitzuerleben war, gaben Führungen weitere Auskünfte über die Kelten, das Keltendorf und den Keltenpfad.

links: Ergebnisse keltischen Handwerks
rechts: Krieger

Soweit das Beispiel eines Keltenfestes und eines Keltenlagers im Keltendorf Sünna. Es zeigt, dass das Keltendorf auch dem Tourismus förderlich ist und nicht im Widerspruch zur Geschichtsvermittlung steht.

Kampfszene um die Gunst der Keltenprinzessin

Führungen im Keltendorf

DER KELTENPFAD

Eine wertvolle Ergänzung zum Keltendorf ist der Keltenpfad, eine Extratour des Premiumwanderweges „Hochrhöner“. Der Keltenpfad wurde 2007 zertifiziert und mit dem Deutschen Wandersiegel ausgezeichnet.
Geführte Wanderungen oder auch das Wandern in eigener Regie führen auf die beiden Rhönberge, den Öchsen und den Dietrichsberg.
Der mit einem roten *K* gekennzeichnete Keltenpfad ist 16,9 km lang und überwindet 450 Höhenmeter. Er bietet einzigartige Natur im Biosphärenreservat Rhön mit herrlichen Ausblicken über die Landschaft der Rhön und den Thüringer Wald.
Über 20 große Schautafeln an verschiedenen Stellen des Wegesrandes geben Auskunft über Geologie, Fauna und Flora, Geschichtliches, besonders aber über steinerne Zeugnisse aus der Keltenzeit, wertvoll ergänzt von Schildern, die der Naturfreunde Dietrichsberg e. V. zum Naturschutz u. a. aufgestellt hat. Der Rhönklubzweigverein Vacha hat sich beim Gestalten des Keltenpfades besonders verdient gemacht.
Beginnen kann man die Tour im Keltendorf oder in den einzelnen Einstiegsorten, als die Sünna, Wölferbütt, Völkershausen und Vacha gelten.
Wem die Anstrengungen des gesamten Weges zu viel sind – es sind immerhin zwei über 600 m hohe Berggipfel zu erklimmen –, der kann einzelne Abschnitte in Angriff nehmen und nur jeweils einen Berg erwandern, denn jeder ist ein Erlebnis für sich.

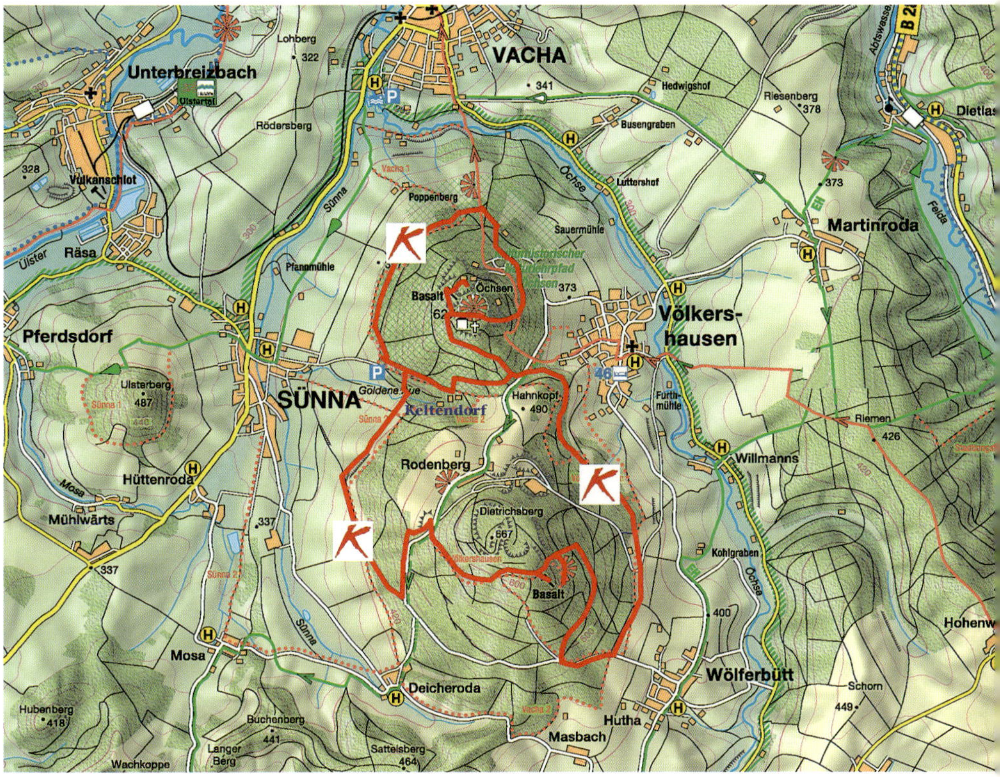

Höhepunkt auf dem Dietrichsberg sind die große Wiese unterhalb des mit basaltenen Blocksteinhalden verzauberten Berggipfels. Hier wachsen noch seltene Blumen und oben kann sich der Wanderer in der Jagd- und Naturschutzhütte bzw. am Horridogrill ausruhen und verköstigen. Nicht weit davon befindet sich das Geisköpfchen mit Block-

Auf dem Keltenpfad

Wölferbütt

oben: Sünna – Thomas-Müntzer-Straße; unten: Werrabrücke in Vacha

steinhalde und etwas unterhalb der Säulensteinbruch, ein geologisches Bodendenkmal zum Vulkanismus in der Rhön.
Nach der Schneeschmelze erfreut eine einzigartige Pracht unzählig blühender Märzenbecher, danach wohlriechender rosafarbener und weißer Lärchensporn. Nach dem zartgrünen Mailaub der Buchen und Eichen, der Ulmen, Linden, des Ahorn kann man hier oben Orchideen und zum Sommeranfang sogar die stattliche Türkenbundlilie bewundern.

Völkershausen mit dem Öchsenberg

Naturschutz- und Jagdhütte auf dem Dietrichsberg

Märzenbecher auf dem Geisköpfchen

Überall auf der Wanderung sind symmetrisch angeordnete größere und kleinere Steinwälle auszumachen. War das Blocksteinmeer die Begrenzung eines Abschnittswalls der Kelten mit Zugang vom Nordwesten und war das Plateau des Geisköpfchens eine keltische Kultstätte? Das könnte schon sein, denn hier oben ist es wegen der großen, grünbemoosten Basaltblöcke und der urig alten Bäume besonders mystisch.

Einmalig ist die Ruhe hier, die die Anstrengungen des Aufstiegs angenehm spüren lässt und überwältigend der Ausblick über das weite Land der offenen Fernen bis zu den Höhenzügen des Thüringer Waldes mit Rennsteig und Großem Inselberg. Bei guter Sicht kann man sogar die Türme der Wartburg, des Weltkulturerbes der UNESCO, bei Eisenach ausmachen.

Einen ebenso das Gemüt bewegenden Panoramablick bietet die große Wiese des Dietrichsberges und vollkommener noch der Gipfel des nahen Öchsenberges. Ihn kann man vom Keltendorf aus gut erreichen.

Zu Füßen liegt Vacha mit der ehemaligen Werrafurt und das benachbarte hessische Philippsthal. Sogar bis zum Hohen Meißner und dem Brocken im Harz, weiter südlich zum Hessischen Kegelspiel und zur Hohen Rhön mit Wasserkuppe und Milseburg kann man sehen, wenn die Luft klar ist.

Doch der Öchsen hat noch mehr zu bieten: auf höchster Stelle steht ein nachgestaltetes Keltenkreuz und nur wenige Meter entfernt die Wanderhütte des Rhönclubzweigvereins Vacha, die an Sommerwochenenden geöffnet ist.

Türkenbundlilie

Keltenkreuz auf dem Öchsen

Blick vom Öchsenberg

Schwarzstorch

Rhönlandschaft bei Wölferbütt

Blick vom Dietrichsberg zur Hohen Rhön mit der Wasserkuppe und der Milseburg am Horizont

In den nahen, absturzgesicherten Felsen, die der Basaltabbau hinterlassen hat, horstet der Uhu, während im Wiesengrund des Tales der Schwarzstorch glücklichen Anblick bietet. Sein weißer Artgenosse auf dem hohen Storchenturm des Städtchens Vacha genießt indessen die Sommerzeit.

Beim Wandern auf dem Keltenpfad des Öchsen kann man weitere Naturwunder erleben. Großflächig grünt der Bärlauch im Frühling und breitet sich von den Resten steinerner Wallanlagen mit Eingangstor bis fast zur vorzeitlichen Quellanlage, der Paulinenquelle, aus. Nicht weit davon entfernt befinden sich steinerne Relikte ehemaliger Ackerterrassen.

Der Öchsenberg steht unter Naturschutz, so dass man fast unberührte Natur entdecken kann. Über die Kelten ist beim Wandern viel zu erfahren und mehr noch, wenn man zum Abschluss am Fuße des Berges ins Keltendorf oder -hotel einkehrt. Sachkundige Wanderführer geben gerne Auskunft und können auf Wunsch angefordert werden.

DAS KELTENBAD IN BAD SALZUNGEN

Im Werratal flussaufwärts ist es nicht weit bis zur Kreisstadt des Wartburgkreises. Die Kurstadt rühmt sich neben vieler Kuranlagen und -häuser besonders eines Keltenbades.
Wo schon in vorgeschichtlicher Zeit Salzquellen sprudelten, möglicherweise von den Kelten Sole gewonnen und Salz gesiedet wurde, ist eine Badelandschaft entstanden, die, halb ernst, halb augenzwinkernd, den Versuch unternimmt, keltisch inspiriert Wohlbefinden zu verbreiten. Hatten doch die Kelten auf Quellen als heilig und heilend vertraut.
Nur wenige Gehminuten vom Salzunger Bahnhof und dem Goethe-Center mit großem Parkplatz entfernt, setzt sich das Ensemble „Keltenbad" aus vier Komponenten zusammen: dem historischen Gradierwerk mit zwei angegliederten Rauminhalationen, dem Therapiezentrum mit großzügigem Fitnessbereich, dem Solebewegungsbad und der Keltensauna.

Zwischen Ost- und Westwand des Gradierwerkes befinden sich der gepflegte Gradiergarten mit ehemaliger Trinkhalle, Musikpavillon und der Mittelbau im original hennebergisch-fränkischen Fachwerkstil.
War vorher die „Salzkönigin" Repräsentantin der Kreisstadt, so ist es seit 2006 die „Keltenfürstin" mit ihren beiden Prinzessinnen. Zum Stadtfest am 8. Juli 2006 wurden die „Keltischen Hoheiten" gekürt. Neuwahlen finden alle zwei Jahre statt.
Außerhalb des Keltenbades befinden sich die verschiedensten Sehenswürdigkeiten: Burgsee mit Kurhaus, der Marktplatz mit Rathaus und Stadtkirche, die Husenkirche, das Stadtmuseum Türmchen. Der „Haunsche Hof" ist das Zentrum der kleinen Kunst und auch sonst lohnt es sich, der Kreisstadt im Werratal einen Besuch abzustatten.
Bemerkenswert ist, dass sich Keltenbad und Keltendorf gegenseitig unterstützen, wie es auch in rekonstruierten Keltensiedlungen bzw. bei Schauplätzen in anderen Regionen gute Anfänge der Zusammenarbeit gibt.

Bad Salzungen mit Kurhaus und See

links: Keltische Hoheiten von Bad Salzungen im Keltendorf Sünna

Gradiergarten mit Mittelbau und Musikpavillon

Mackenzell bei Hünfeld

Christian Aschenbrenner mit wertvollen Funden vor den beiden Häusern des Keltenhofs von Hünfeld-Mackenzell, links eine sog. „Lappenschale" mit Fingertupferverzierung

DORFLEBEN VOR 2700 JAHREN IN DER RHÖN: DER KELTENHOF MACKENZELL

CHRISTIAN ASCHENBRENNER

Seit Spätsommer 2006 stehen zwei alte Häuser mitten im neuen Wohngebiet „Am vorderen Haugraben" im Hünfelder Stadtteil Mackenzell. Nur ca. 8 m entfernt von einer Gartenterrasse eines modernen Neubaues befinden sich ein altertümliches Pfostenständerfachwerkhaus mit Strohdach (Reetbedachung) und ein kleineres in „Blockhaus-Charakter" mit roh gebeilten Balken und Holzschindelbedachung. Hölzerne Türen mit eigenartigen Verschlüssen, schwere hölzerne Fensterläden und ein Flechtzaun aus Weide runden das Bild ab. Der Kontrast zu den nahe stehenden neuen Einfamilienhäusern „stört" nur im ersten Moment. Dann wird einem bewusst, dass hier ein Zeitsprung von ca. 2700 Jahren vorliegt, der auch durch eine Informationstafel verdeutlicht wird.

Kirche von Mackenzell

Als Anfang der neunziger Jahre des letzten Jahrhunderts Erde für das Haus Nüster Str. 26 ausgehoben wurde, fand der Vater des Bauherrn, Manfred v. Hayn (Rückers, 1934–1997), in einem großen Klumpen schwarzer Erde einige dicke Tonscherben, die er als interessierter Amateurforscher barg und dem Museum Hünfeld vorlegte. Die Fundmeldung erfolgte an den zuständigen Stadt- und Kreisarchäologen, der diese Scherben als typisch vorgeschichtlich und vorläufig als „frühgermanisch" einstufte. Diese Erstfunde hat der Finder dem Hünfelder Museum übergeben. Sie werden dort in Ehren gehalten, waren sie doch der Anlass für die nachfolgenden Grabungskampagnen, den Aufbau des heutigen „Keltenhofs" vor Ort und die Rekonstruktionen im Hünfelder Museum.

Als Ende der neunziger Jahre das Gelände als Wohngebiet erschlossen werden sollte, waren archäologische Sondierungsgrabungen notwendig. Bald allerdings wuchs die Erkenntnis, dass hier ein größeres Areal einer vorgeschichtlichen Dorfanlage im Boden lag. Der Grundstückseigentümer, die Stadt Hünfeld, beauftragte mit den Ausgrabungen eine Firma aus Fritzlar, die schon Erfahrungen auf dem Gebiet archäologischer Flächengrabungen hatte.

In zwei Grabungskampagnen 2000 und 2001 wurden mehrere Hausgrundrisse freigelegt. Etwa 12 Häuser lassen sich durch Pfostenlöcher nachweisen, die nicht zeitgleich entstanden sein müssen. Eines scheint ein sog. Grubenhaus gewesen zu sein und ist durch Belegfunde als frühgermanisch zu datieren (1. Jahrhundert n. Chr.). Ein Hauskomplex mit einer Palisadenumfriedung unterschied sich von den anderen. Vielleicht war hier die Wohnung eines Dorfobersten. Brunnen, Zisternen, Vorrats- und Abfallgruben, verfestigte Wegstrecken und als besondere Funde auch Reste von Obstdarren und Töpferöfen, die zusätzlich möglicherweise als Backöfen verwendet wurden, konnten ergraben werden. Neben der zerscherbten Siedlungskeramik, zum Teil mit prachtvollen Randstücken und Verzierungen, kamen ein tönerner Spinnwirtel und eine Tonperle, insgesamt 15 Steinwerkzeuge (z. T. Mahlsteinbruchstücke und Glättesteine aus Buntsandstein) und auch einige Knochenfunde (z. T. Speisereste) zu Tage. Die Keramik wird z. Z. der mittleren Hallstattzeit (Hallstatt C und Übergang D) datiert und ist damit um 650 bis 550 v. Chr. anzusiedeln. Sie ähnelt auffallend den Urnen und Schalen vom Fundort Molzbach-Sandstrauch und denen aus Thüringen von der Widderstatt! Aus Bronze wurden ein Pinzettflügel, eine Nadel mit tordiertem (gedrehtem) Schaft und zwei Teile eines Arm- oder Schläfenringes gefunden. Insgesamt konnten 244 archäologische Befunde festgestellt werden. Die Datierung der meisten Funde allerdings überflügelte die ersten zeitlichen Einordnungen. An einigen Getreideproben aus Abfallgruben konnten sie mit Hilfe der sog. C-14-Untersuchung (Radiokarbon-Methode) in den Zeitraum von 794–760 v. Chr. datiert werden. Vom Ausgräber werden einige Keramiken und ein Hausbefund als jünger, als frühgermanisch oder, archäologisch ausgedrückt, als der römischen Kaiserzeit zugehörig eingestuft. Zur Zeit werden diese bedeutenden Funde als bisher einzige Belege aus Hessen aus dieser Zeit für eine größere wissenschaftliche Publikation in Mainz bearbeitet.

„Mit seinen insgesamt 14 (?) Hausgrundrissen, Steinpflastern, 54 Abfallgruben und Erdkellern und mindestens sieben technischen Gemeinschaftseinrichtungen, wie Brennöfen, Brunnen und Zisternen, gehört der früheisenzeitliche Siedlungsplatz von Hünfeld-Mackenzell zu den besterhaltenen Plätzen im deutschsprachigen Mittelgebirgsraum. Seine wissenschaftliche Auswertung ermöglicht einen guten Einblick in die interne Siedlungsstruktur der im 8. Jahrhundert v. Chr. bei uns lebenden Bauern und Handwerker.“ Um dieser Bedeutung gerecht zu werden, entstand die Idee von Bürgermeister Dr. Fennel, in einem kleinen „Grenzdreieck“ zwischen den entstandenen modernen Wohnanlagen, dem Sägewerk und einem Streuobsthügel zwei Häuser nach den Grabungsbefunden zu rekonstruieren. Mit der Konzeption wurde Dr. Ulrike Söder (Marburg) beauftragt, die als Grabungsleiterin vor Ort an der Milseburg (2003/2004) und an der Westtangente Fuldas (2005/2006) archäologisch geforscht hat. Auf der Grundlage der Abstände der im Boden vorhandenen und erforschten Pfostenlöcher konnte auf die Konstruktion der ehemaligen Häuser

Keltenhof von Hünfeld-Mackenzell

Zu Gast in Mackenzell

Vor einem Keltenhof in Mackenzell

geschlossen werden. Unter Berücksichtigung der Himmelsrichtungen und anderer Grabungsbefunde (z. B. Altenburg bei Niedenstein) sowie der Erfahrungen mit ähnlichen Rekonstruktionsprojekten wurden die Häuser „L" und „M", wie sie in der Grabungsfolge benannt wurden, erbaut. Die verschnürten Dachkonstruktionen mit unterschiedlicher Bedachung, die unterschiedlichen Wandmaterialien und die Türen und Fensterläden vermitteln einen realitätsnahen Eindruck einfacher dörflicher Häuser des 8. Jahrhunderts v. Chr. Das entspricht der frühesten Eisenzeit, nach einem klassischen Fundort in Österreich auch Hallstattzeit genannt. Die Menschen, die damals hier lebten, gehörten aller Wahrscheinlichkeit nach den frühen Kelten an, die sich als Volksgruppe aus der alten Bevölkerung der ausgehenden Bronze- und Urnenfelderzeit entwickelt haben.

Kinder experimentieren an frühkeltischen Getreidereibsteinen und spätkeltischen Handmühlen anlässlich des 2. Archäologischen Aktionstages des Keltenhofs Mackenzell, September 2008

Der überregionalen Bedeutung der archäologisch gemachten Befunde und auch des Aufbaues des „Keltenhofs Mackenzell" wird die Neugestaltung im Konrad-Zuse-Museum in Hünfeld gerecht werden. Das, was in Mackenzell vor Ort aus Sicherheitsgründen und konservatorischen Aspekten direkt nicht geleistet werden kann – der „Keltenhof Mackenzell" ist kein archäologisches Freilichtmuseum –, soll im Museum neben der Jakobuskirche in Hünfeld geschehen. Hier wird eine Hausinnenecke rekonstruiert, die einen Einblick in das dörfliche Leben und Arbeiten in einem frühkeltischen Haus verdeutlicht. Auch die Bedeutung der durch Grabungsbefunde nachgewiesenen Brennöfen kommt hier zur Geltung. Ein Nachbau in Originalgröße lässt eine dörfliche Töpferwerkstatt der Hallstattzeit lebendig werden. Getreidereiben laden zum Mitmachen ein. Ein modernes Museum sperrt seine Exponate nicht nur in Glasvitrinen ein, sondern lädt auch zum eigenen Experimentieren ein. Die Besucher können sich hier in einen „Erlebnisraum" 2700 Jahre zurückversetzen und so Geschichte „erlebbar" und dadurch auch besser erlernbar und sinnlich erfühlbar machen.
Als „Kinderreporter" hat Julian Vey im April 2009 für die Fuldaer Zeitung (18.04.2009) seine Zeitreise auf dem Keltenhof in Mackenzell festgehalten: „Wir gingen zum Keltenhof und die andere Klasse zum Museum. Dort hieß uns Herr Aschenbrenner in einem keltischen Gewand und einem echten Fuchsfell herzlich willkommen. Er erklärte uns die Anlage, zu der zwei Häuser gehörten, und gab uns Tipps, was wir unternehmen könnten. Er erklärte uns, welche Funde mit dem Bagger beim Bau eines Hauses neben der Anlage gemacht wurden, zum Beispiel Überreste der Pfosten eines Hauses. Danach durfte unsere Klassensprecherin mit einem großen Schlüssel das Haupthaus aufschließen. Innen war leider nichts zu sehen, aber Herr Aschenbrenner zeigte uns Bilder, wie es im Inneren von keltischen Häusern ausgesehen haben

könnte. Anschließend führte er uns ins Nebengebäude. Dort standen mehrere Ambosse, auf denen wir mit Kupferdraht arbeiten konnten. Wir durften das Kupfer mit Dengelhämmern, Hämmern, Zangen und Feilen bearbeiten. Zum Schluss hatte ich ein tolles Armband aus Kupfer geschmiedet. Später konnten wir vor dem Gebäude mit unterschiedlichen Mahlsteinen Getreide reiben und mahlen. Jetzt wissen, glaube ich, alle aus unserer Klasse, wie sich die Leute früher abgemüht haben und noch heute, z. B. in der Sahara, abmühen. Am Ende hatten wir fast ein Kilogramm Mehl gemahlen. Zu guter Letzt durften wir Schalen aus Ton töpfern. So ging ein schöner Schultag im Leben der Kelten zu Ende."

Gleichzeitig bietet der museumspädagogische Dienst des Konrad-Zuse-Museums in Hünfeld mit seiner Abteilung Vor- und Frühgeschichte, in der sich die oben beschriebenen Rekonstruktionen befinden, Führungen und Aktionen im nahen „Keltenhof Mackenzell" selbst an. Angemeldete Besuchergruppen, Schulklassen, Vereine und Erwachsenengruppen können solche „aktiv-archäologischen Erlebnistage" buchen. Angeboten werden neben fachkundlichen Führungen – auch in historischer Tracht – sogenannte Mitmachwerkstätten wie Getreidereiben an einer frühkeltischen Reibesteinanlage bzw. Mahlen mit einer spätkeltischen Getreidemühle oder Töpfern nach Originalfunden, zum Beispiel einer sog. Lappenschale mit Fingertupfendekor. Auch können eine „Situla", ähnlich eines Grabungsfundes, oder Metallschmuck im einfachen „Kaltschmiedeverfahren" aus Kupferdraht hergestellt werden, den wenigen bronzenen Originalfunden, wie einem Armreifen, nachempfunden. Die beiden Häuser des Keltenhofs mit einer Informationstafel sind jederzeit tagsüber von außen zu besichtigen. Eine Broschüre des Landesamtes für Denkmalpflege Hessen wird für 3,50 Euro im Museum angeboten.

Ein „keltischer Händler" (Kalle Ziegler, Fulda-Rodges) besucht den Keltenhof Mackenzell

DER ARCHÄOLOGISCHE WANDERWEG AUF DER MILSEBURG

MANUEL ZEILER UND ULRIKE SÖDER

Der archäologische Wanderpfad auf der Milseburg hat eine lange Tradition: Im Jahre 1967 konzipierte Willy Kiefer den Pfad als einen der ersten archäologischen Lehrpfade im deutschsprachigen Raum. Die Tafeln zeigten den damals aktuellen archäologischen Forschungsstand und waren nach dem entsprechenden Zeitgeschmack gestaltet.
Obwohl die Erkenntnisse zur Archäologie im Allgemeinen und der Milseburg im Besonderen im Laufe der Jahre deutlich angewachsen sind, blieben die alten Tafeln unverändert, so dass sie nicht nur optisch veraltet waren.
Deshalb waren die Grabungen, die der verstorbene Fuldaer Kreisarchäologe Matthias Müller in den Jahren 2003 und 2004 am Steinwall im Südosten der Anlage durchführte, ein willkommener Anlass, sämtliche Tafeln auf den aktuellen Forschungsstand zu bringen. Durch die Grabungen M. Müllers, deren anschließende Aufarbeitung, die erneute Bearbeitung der Altgrabungen von 1899–1906 sowie intensive Geländebegehungen wissen wir, dass es in der Urnenfelder- und der Eisenzeit unterschiedliche Besiedlungsschwerpunkte auf der Milseburg gegeben hat: so war das „Dörfchen" während der ausgehenden Latènezeit (ca. 150 v. Chr. bis Christi Geburt), der Bereich nördlich des Gänsborns dagegen in der Urnenfelder- (ca. 1200–ca. 750 v. Chr.) und beginnenden Latènezeit (um ca. 450 v. Chr.) besiedelt. Die Grabungen haben auch gezeigt, dass dieser Bereich damals durch menschliche Eingriffe erheblich umgestaltet wurde, und der Wall – seinerzeit eine mächtige Steinmauer – nicht gleich zu Siedlungsbeginn errichtet wurde. Dadurch ist die Siedlungsfläche verkleinert worden. Müllers Grabungen haben außerdem wichtige Erkenntnisse zur Konstruktion der Mauer ergeben.
Der neue archäologische Wanderweg führt auf einer Strecke von 3, 8 km an 15 Stationen mit 16 Tafeln über die eisenzeitliche Höhensiedlung an Befestigungsanlagen, Siedlungs- und Wasserstellen vorbei (Abb. „Die Milseburg"), wo der Besucher auf auch für Laien deutlich erkennbare, auf menschliche Eingriffe zurückzuführende Geländestrukturen wie Wallanlagen oder Siedlungsterrassen aufmerksam gemacht wird. Die Tafeln ermöglichen auch Einblicke in verschiedenste Bereiche des Alltagslebens der prähistorischen Milseburgbewohner: So werden die Themen Handwerk und Technik (Eisengewinnung), Ackerbau und Viehzucht angesprochen.
Der Wanderpfad beginnt beim Parkplatz im Norden der Anlage und führt über den schon in prähistorischer Zeit genutzten Zugang „Kälberhutstein" auf das Plateau bis hin zur Gangolfskapelle. Er verläuft dann weiter hangabwärts nach Südosten zur Quelle „Gänsborn" und anschließend zur nahe gelegenen Grabungsstelle von 2003 und 2004 am Wall, wo ein wuchtiges Modell die Größenverhältnisse der damaligen Mauer verdeutlicht. Die Ergebnisse der Grabungen werden dort auf zwei Tafeln veranschaulicht, außerdem zeigen die Tafeln verschiedene Rekonstruktionsmöglichkeiten der Mauer (Abb. „Schutz und Symbol"). Ab-

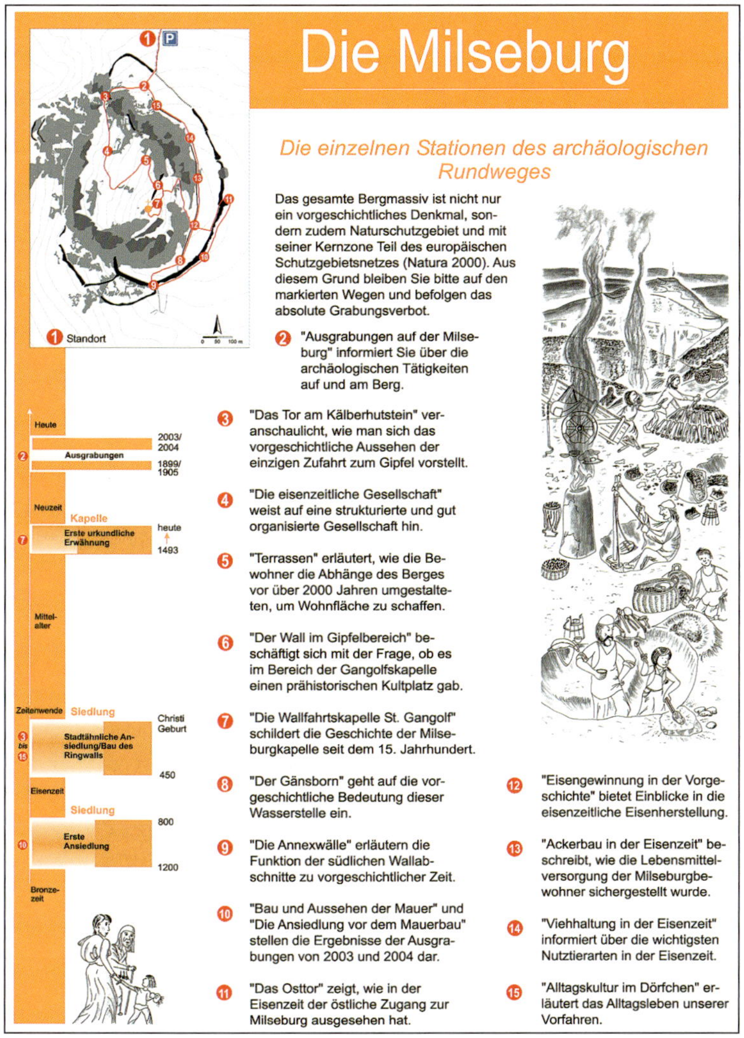

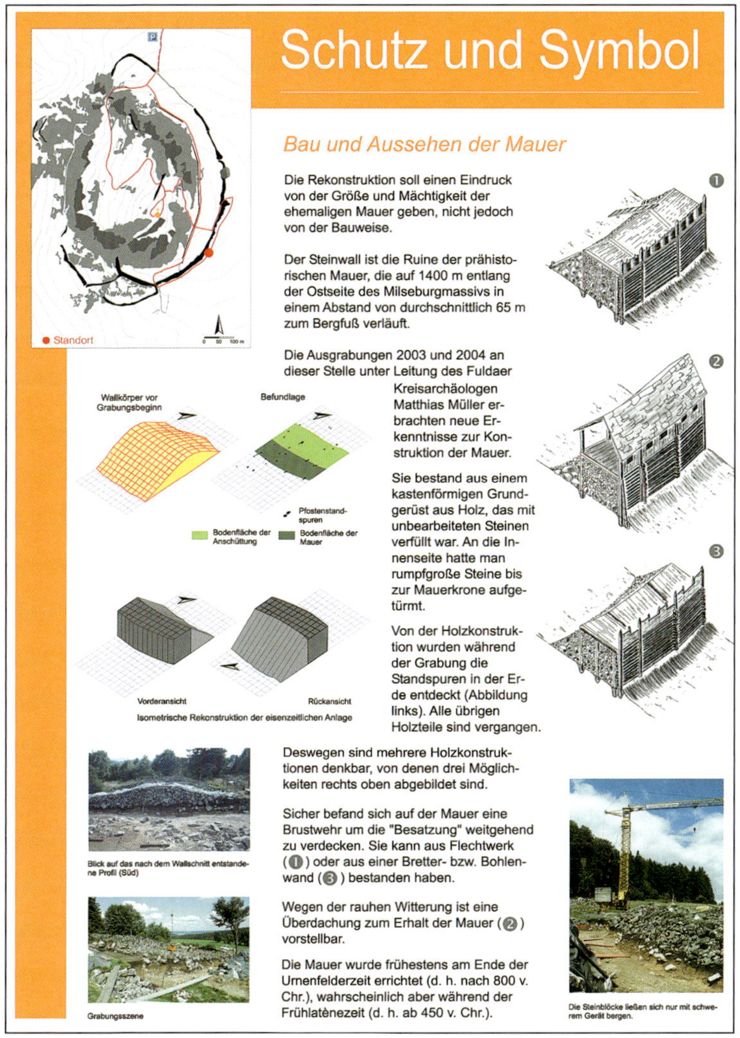

schließend führt der Weg entlang des Walles zurück Richtung Norden, durch das Osttor hindurch und am Bergfuß zurück zum Ausgangspunkt.

Es ist nicht nötig, den Weg in der vorgeschlagenen Reihenfolge abzulaufen, weil jede Station eine in sich abgeschlossene thematische Einheit bietet.

Der zeitliche Schwerpunkt liegt bei der eisenzeitlichen Besiedlung, obwohl die Anlage bereits wie erwähnt während der Urnenfelderzeit und später auch im Mittelalter genutzt wurde.

Die Gestaltung der Tafeln spricht verschiedene Zielgruppen an: Die Texte sind kurz, die Zeichnungen detailliert und archäologisch präzise. Auf diese Weise werden sowohl die „Leser“ angesprochen, die sich auf Textinhalte konzentrieren, als auch die „Gucker“, die lediglich einen Blick auf die Zeichnungen werfen. Die Rekonstruktionszeichnungen bieten vor allem Kindern die Möglichkeit, sich „ein Bild“ von der Vergangenheit zu machen.

RADWANDERN AUF DEN SPUREN DER KELTEN IN DER BAYERISCHEN RHÖN

WALTER HÖHN

Seit dem Spätsommer des Jahres 2007 bietet eine kulturhistorische Radtour im Rhön-Grabfeld die Möglichkeit, archäologische Objekte und zahlreiche Bodendenkmäler aus der Zeit der Kelten kennenzulernen.
Die archäologische Rundroute verläuft überwiegend auf den vorhandenen, bereits markierten Radrouten. Sie beginnt in Fladungen am Rhönmuseum, dem eine vor- und frühgeschichtliche Abteilung angegliedert ist. Hier geht es auf die Räder und damit auf die ca. 63 km lange Strecke die sich jedoch auch in eine nördliche mit 32 km und eine südliche mit 25 km Länge aufteilen lässt. Insgesamt werden an 11 Stationen Informationen über die Kelten vermittelt. Unter den Stationen befinden sich ein bisher nicht ausgegrabenes, zwei nach der Ausgrabung restaurierte sowie zwei bereits im 19. Jahrhundert erforschte Hügelgräberfelder. Darüber hinaus sind auch zwei keltische Befestigungsanlagen zu besichtigen. An weiteren drei archäologisch bedeutsamen Stellen finden sich Infotafeln mit wichtigen Hintergrunderkenntnissen. Ein im Rhönmuseum, bei den Informationsstellen des Vereins Naturpark im Haus der Langen Rhön in Oberelsbach, im Haus der Schwarzen Berge in Oberbach sowie den Infostellen am Schwarzen Moor, der Schornhecke und der Thüringer Hütte erhältlicher Flyer führt in die Thematik ein.
Natürlich kann die Tour auch zu Fuß erwandert werden, entweder auf der Strecke der Radler, denn die Radtour verläuft mit Ausnahme der Ortsdurchfahrten nur auf Wegen abseits der Autostraßen, oder in Kombination mit dem Auto und kurzen Spaziergängen. Dafür gibt es dann auch eine spezielle Tourenbeschreibung im Rhönmuseum.
Das Projekt wurde mit Mitteln der Europäischen Union und des Landkreises Rhön-Grabfeld gefördert.

Keltenradweg

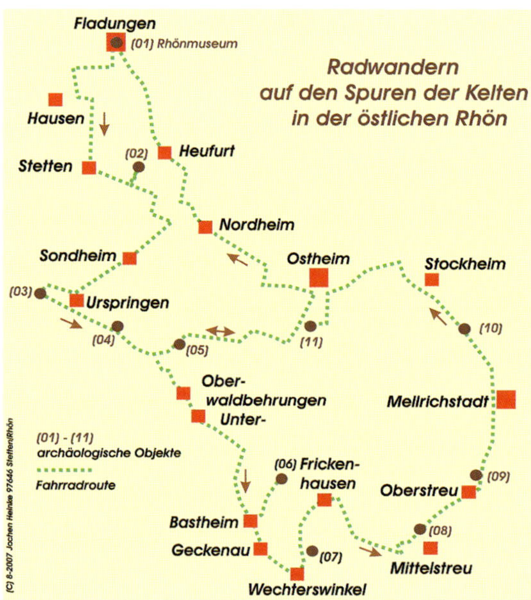

Träger der Maßnahme ist der Verein Naturpark und Biosphärenreservat Bayerische Rhön e. V. Die Information wurde von der Archäologischen Arbeitsgruppe Rhön-Grabfeld und vom Landesamt für Denkmalpflege zur Verfügung gestellt.
Wer mit dem Rad, per pedes oder im PKW die östliche Rhön bereist und sich für die Kelten interessiert, kann sich ausführlich im Rhönmuseum Fladungen und im Archäologischen Museum Bad Königshofen informieren, um z. B. die berühmte Ostheimer Fibel bzw. das Großeibstädter Wagengrab kennenzulernen.

Am Radweg gelegen, die Kirchenburg von Ostheim

ABSCHLUSSBEMERKUNGEN

Spannend ist es, längst vergangene Geschichte zu erfahren und dabei mitzuwirken, sie für unsere Zeit zu erschließen. Eine Herausforderung besteht darin, den Tourismus so zu fördern, dass er der Natur möglichst nicht schadet. Es liegt an uns allen und an jedem, sich so zu verhalten, dass auch künftige Generationen bewundern können, was die vielfältige, reizvolle Landschaft mit ihrer so bunten Pflanzen- und Tierwelt bietet.
Die uns umgebende Natur zu achten und zu bewahren, ist eine der wichtigsten Aufgaben, die uns die Kelten lehren. In Einklang mit der Natur zu leben, ist lebensnotwendig. Genauso bedeutsam ist es, Wertvorstellungen, die Ethik des Zusammenlebens in der Gemeinschaft nicht verkümmern zu lassen. Dem verhängnisvollen Zug der Zeit entgegenzuwirken, lässt die Zukunft in hellerem Licht erscheinen.

WICHTIGE ANSPRECHPARTNER UND ANSCHRIFTEN

Museum Hallstatt
Seestraße 56
4830 Hallstatt
Österreich
Tel.: 06134/828015
Fax: 06134/8398
kontakt@museum-hallstatt.at
www.museum-hallstatt.at

Tourist-Information Dietfurt
Hauptstraße 26
92345 Dietfurt
Tel.: 08464/640019
Fax: 08464/640033
touristik@dietfurt.de
www.dietfurt.de

Museum im Hollerhaus
Pfarrgasse 6
92345 Dietfurt
Tel.: 08464/9145

Archäologischer Erlebnispark Gabreta
Lichtenau 1a
94160 Ringelai
Tel.: 08555/407310
Fax: 08555/407311
gabreta@pa.bfz.de
www.gabreta.de

Keltisches Freilandmuseum Altburg
55626 Bundenbach
Tel.: 06544/9272
www.bundenbach.de

Keltenmuseum Hochdorf
Keltenstraße 2
71735 Eberdingen-Hochdorf/Enz
Tel.: 07042/78911
Fax: 07042/370744
www.keltenmuseum.de

Heuneburgmuseum
Ortsstraße 2
88518 Herbertingen-Hundersingen
Tel.: 07586/917303
Fax: 07586/917304
info@heuneburg.de
www.heuneburg.de

Heimatmuseum Glauberg
Hauptstraße 17
63695 Glauburg-Glauberg
Tel.: 06041/826826
www.keltenwelt-glauberg.de

Heuson-Museum Büdingen
Rathausgasse 6
63654 Büdingen
Tel.: 06042/950032
Fax: 06042/2853
wluh@stadt-buedingen.de
www.buedingen.de

Wetterau-Museum Friedberg
Haagstraße 16
61169 Friedberg
Tel.: 06031/88215
wetteraumuseum@friedberg-hessen.de
www.friedberg-hessen.de

Aussichtsturm auf dem Dünsberg
Dünsberg-Verein e. V.
Gießener Straße 4
35444 Biebertal
Tel.: 06409/9649
www.duensberg-verein.de

Bad Nauheim – Keltenstraße, -radweg
Städtische Tourismus GmbH
Tel.: 06032/929920
www.keltenstrasse.de

Franziskanermuseum
Rietgasse 2
78050 Villingen-Schwenningen
Tel.: 07721/822351
Fax: 07721/822357
franziskanermuseum@villingen-schwenningen.de
www.villingen-schwenningen.de

Museum für Ur- und Frühgeschichte Thüringens
Humboldtstraße 11
99423 Weimar
Tel.: 03643/818330
Fax: 03643/818390
museum@tlda.thueringen.de
www.tlad.de

Hessisches Landesmuseum
Brüder-Grimm-Platz 5
34117 Kassel
Tel.: 0561/316800
www.museum-kassel.de

Mainfränkisches Museum Festung Marienberg
97082 Würzburg
Tel.: 0931/205940
Fax: 0931/2059456
sekretariat@mainfraenkisches-museum.de
www.mainfraenkisches-museum.de

Martin von Wagner Museum
Residenzplatz 2a
97070 Würzburg
Tel.: 0931/3182282
www.uni-wuerzburg.de/musem

Förderverein „Eisenzeitlich-keltische Geschichte in der Rhön e. V."
Pferdsdorferstraße 2
36404 Sünna
Tel.: 036962/177844
info@keltendorf-suenna.de
www.keltendorf-suenna.de

Keltenbad Bad Salzungen
Am Flößrasen 1
36433 Bad Salzungen
Tel.: 03695/69340
Fax: 03695/693421
info@keltenbad.de
www.keltenbad.de

Kelten-Hotel Goldene Aue
36404 Sünna
Tel.: 036962/2670
Fax: 036962/26777
info@keltenhotel.de
www.keltenhotel.de

Archäologisches Museum Bad Königshofen
Martin-Reinhard-Str. 9
97631 Bad Königshofen
Tel.: 09761/40934 oder 721472
Fax: 09761/40950
info@schranne.info
www.dieschranne.de

Konrad-Zuse-Museum Hünfeld
Kirchplatz 4–6
36088 Hünfeld
Tel.: 06652/918884
Fax: 06652/919879
www.zuse-museum-huenfeld.de

Rhönforum e. V.
Marktplatz 29
36419 Geisa
Tel. 036967 59482 oder 59483
Fax: 036967 69119
info@thueringerrhoen.de
www.thueringerrhoen.de
www.rhoen.de

BIBLIOGRAPHIE

Abels, Björn-Uwe u. a.: Vor- und Frühzeit Rhön-Grabfeld, Bad Neustadt 1977
Allen, John Romilly: Die Kunst der Kelten in heidnischer und christlicher Zeit, Wiesbaden 1998
Andert, Reinhold: Der Thüringer Königshort, Querfurt 1995
Archäologische Arbeitsgruppe Rhön-Grabfeld: Vorzeit. Spuren in Rhön-Grabfeld, Bad Königshofen 1998
Artikel über das Gräberfeld von Leimbach u. a. Funde der Umgebung, 1952
Artikel: Zeugen längst vergangener Zeiten und Kulturen, Hoffmann, FW, 25.3.1999
Aschenbrenner, Christian: Homo erectus. Erste Menschen im Fuldaer Land, Ausst.-Kat. Vonderau Museum Fulda, Fulda 1996
Ders.: Entdeckungen vor der Haustür: Neues zur Erd- und Besiedelungsgeschichte in der Region Hosenfeld-Poppenrod; Ein frühkeltischer Werkplatz in der Region Hosenfeld-Poppenrod, in: Dorfchronik Poppenrod, Poppenrod 2002
Autorenkollektiv: Die Germanen, 2 Bde., Berlin 1983
Birkhan, Helmut: Kelten. Versuch einer Gesamtdarstellung ihrer Kultur, Wien 1997
Brückner, Georg: Landeskunde 1853
Büttner, Karlheinz (Hrsg.): Von allerlei Spuk in der „Einöd". Sagen aus der thüringischen Rhön, Marburg 1992
Büttner, Willfried/Gall, Werner/Grasselt, Thomas: Jahrbuch 1992, Bodendenkmalpflege und archäologische Feldforschung im Kreis Meiningen
Caesar, Gaius Julius: Sämtliche Werke, Essen 1990 (Der Gallische Krieg , Übersetzung: Karl Blümel)
Cavalli-Sforza, Luca und Francesco: Verschieden und doch gleich, München 1994
Cunliffe, Barry: Die Kelten und ihre Geschichte, Bergisch-Gladbach 1980 und 2000
Das Rätsel der Kelten vom Glauberg. Glaube – Mythos – Wirklichkeit, Ausst.-Kat. Schirn Frankfurt/M., Stuttgart 2002
Demandt, Alexander: Die Kelten, München 1999
Die Kelten: Europas Volk der Eisenzeit, Time-Life Bücher: Untergegangene Kulturen, Amsterdam 1995
Diemer, Rudolf/Tamm, Jochen: Die Rhön ... aus Feuer geboren, Petersberg 2008
Donat, Peter: Die ur- und frühgeschichtliche Besiedlung des oberen Werragebietes, ungedruckte Dissertation, Jena 1965 (Thüringisches Landesamt für Archäologische Denkmalpflege Weimar)
Down, Chris: Vorlagen für keltische Muster, 2003
Dreysigacker, Carl: Über das vorgeschichtliche Gräberfeld von Leimbach, Henneberger Altertumsforschender Verein, 1888 (Neue Beiträge zur Geschichte deutschen Altertums)
Dušek, Sigrid (Hrsg.): Ur- und Frühgeschichte Thüringens, Landesamt für Archäologische Denkmalpflege Weimar, Stuttgart 1999
Emons, Hans-Heinz/Walter, Hans-Henning: Mit dem Salz durch die Jahrtausende, Leipzig 1984
Emons, Hans-Heinz: Alte Salinen in Mitteleuropa, Leipzig 1988
Feustel, Rudolf (Hrsg.): Keltenforschung in Südthüringen, Museum für Ur- und Frühgeschichte Thüringens, Weimar, und vom Steinsburgmuseum Römhild, Weimar 1979
Führer zu vor- und frühgeschichtlichen Denkmälern, Band 28 – Bad Kissingen, Fränkische Saale, Grabfeld, Südliche Rhön, Mainz 1975
Gall, Werner: Bodendenkmale des Bezirkes Suhl, Museum für Ur- und Frühgeschichte Thüringens, Weimar, Karte
Gall, Werner/Grasselt, Thomas: Die archäologische Wanderung, Gräberfelder und keltische Höhensiedlung
Gensen, Rolf: Die eisenzeitlichen Ringwälle auf dem Stallberg und dem Kleinberg. Führungsblatt zu den Befestigungen bei Hünfeld-Kirchhasel und Rasdorf im Landkreis Fulda (Archäologische Denkmäler in Hessen 49), 1985
Grasselt, Thomas: Die Siedlungsfunde der vorrömischen Eisenzeit von der Widderstatt bei Jüchsen in Südthüringen; Thüringisches Landesamt für Archäologische Denkmalpflege, Stuttgart 1994 (zugleich Diss. 1991)
Ders.: Die Widderstatt bei Jüchsen, in: Jahrbuch 1991 des Hennebergisch-Fränkischen Geschichtsvereins
Ders.: Die Widderstatt bei Jüchsen, Stuttgart 1994
Hachmann, Rolf/Kossack, Georg/Kuhn, Hans: Völker zwischen Germanen und Kelten, Neumünster 1962
Haffner, Alfred/Schnurbein, Siegmar von: Kelten, Germanen, Römer im Mittelgebirgsraum zwischen Luxemburg und Thüringen; Ein Schwerpunktprogramm der deutschen Forschungsgemeinschaft, in: Archäol. Nachrichtenblatt 1 (1996)
Hahn, Heinrich: Die vorgeschichtlichen Funde und Denkmäler im Stadtgebiet Hünfeld, in: Hünfeld 1200 Jahre Campus Unofeld – 10 Jahre Großgemeinde, Hünfeld 1982
Ders.: Das Schwert vom Habelberg, in: Fuldaer Geschichtsblätter 63 (1987)
Herrmann, Fritz-Rudolf/Müller, Matthias: Die Milseburg in der Rhön, Führungsblatt zu dem keltischen Oppidum bei Hofbieber-Danzwiesen, Kreis Fulda (Archäologische Denkmäler in Hessen 50), Wiesbaden 1985
Herrmann, Fritz-Rudolf u. a.: Die Vorgeschichte Hessens, Stuttgart 1990
Hertel, Ludwig: Kleine Landeskunde des Herzogtums Sachsen-Meiningen, Hildburghausen1903
Höhn, Walter: Feste und Feiern in der thüringischen Rhön, Petersberg 2004
Ders.: Thüringische Rhön – Städte, Dörfer und Landschaften zwischen Werra und Ellenbogen, Petersberg 2005
Ders.: Die Kelten in der Rhön, Petersberg 2006
Ders.: Die thüringische Rhön, eine Kulturlandschaft, Petersberg 2007
Internationales Kolloquium: Beiträge zur keltisch-germanischen Besiedlung im Mittelgebirgsraum, Thüringer Landesamt für Archäologische Denkmalpflege, Band 28, Stuttgart 1992
Jahn, Walter (Hg.): VORZEITUNG Nr. 19, Archäologische Mitteilungen in Rhön-Grabfeld, 1981–2003
Karfunkel Codex Nr. 2, überarbeitete Neuauflage 2008
Katalog zur Ausstellung: Die Kelten in Mitteleuropa, Hallein 1980
Katalog zur Ausstellung: Die Kelten, Venedig 1991
Katalog zur Ausstellung: Das Keltische Jahrtausend, Rosenheim 1993

Katalog zur Ausstellung: Das Rätsel der Kelten, Frankfurt 2002
Kaufmann, Hans: Auf den Spuren der Kelten im Mittelgebirgsvorland, Alt-Thüringen, Jahresschrift des thüringischen Landesamtes für Archäologische Dekmalpflege, hrsg. von Sigrid Dusek, Band 31, Stuttgart 1997
Kirchenarchiv Völkershausen
Klein, Thomas F.: Wege zu den Kelten. 100 Ausflüge in die Vergangenheit, Stuttgart 2005
Krisch, Haubold: Die Grünland- und Salzpflanzengesellschaften der Werraaue bei Bad Salzungen, Diplomarbeit, Halle 1966
Maier, Bernhard: Lexikon der keltischen Religion und Kultur, Stuttgart 1994
Ders.: Die Kelten – Ihre Geschichte von den Anfängen bis zur Gegenwart, München 2000
Marquardt, Erich: Vorgeschichtliches aus dem Meininger Unterland, Festschrift zum Heimatfest des Kreises Meiningen Nord, Schweina/Thüringen am 29. und 30. Juni 1935
Ders.: Jahrbuch des Hennebergisch-Fränkischen Geschichtsvereins 1938/39: Denkmale der Vorzeit, Meiningen 1939
Mott, Michael: Der Fund am „Karfreitagsstein". Schüler aus Hünfeld entdeckte beim Sonntagsspaziergang Lanzenspitze aus der frühen Eisenzeit, Hünfelder Zeitung v. 18.2.2004
Müller, Matthias: Ein keltischer Armring vom Stadtrand Hünfeld, in: Buchenblätter, Beilage der Fuldaer Zeitung vom 23.5. 1985
Ders.: Die vor- und frühgeschichtliche Besiedelung des Fuldaer Landes, in: Heinemeyer, Walter (Hrsg.): Fulda in seiner Geschichte. Landschaft Reichsabtei Stadt, Fulda/Marburg 1995
Ders.: Archäologische Forschungen über die Milseburg, in: Milseburg. Ein Berg mit Profil, Ausst.-Kat. Vonderau Museum Fulda, Petersberg 2001
Ders.: Der frühkaiserzeitliche Siedlungsplatz von Hünfeld-Mackenzell, Flur „Am vorderen Haugraben", Lkr. Fulda. Ein Vorbericht, in: Berichte der Kommission für Archäologische Landesforschung in Hessen, Band 6, 2000/2001 (2001)
Neumann, Gotthard: Die Kelten in Thüringen, in „Der Thüringer Erzieher" Jg. 3, Heft 5 (1935), S. 143–154
Ders.: Alte und neue frühkeltische Funde von Einhausen, Landkreis Meiningen, Jena 1956
Ders.: Die Fibeln vom kleinen Gleichberge, bei Römhild, Berlin 1973
Ders.: Die keltischen Kulturen auf dem Boden der DDR, in: Sächsische Akademie der Wissenschaften zu Leipzig, Jahrbuch 1974/1975
Pescheck, Christian: Die Kelten in Unterfranken im Spiegel der Bodenfunde, Mainfränkisches Jahrbuch für Geschichte und Kunst 1959
Ders.: Arbeitsberichte 1–13, Neue Bodenfunde und Ausgrabungen in Unterfranken, Würzburg, Frankenland 1965–1977
Pescheck, Christian/Uenze, Hans Peter: Die Kelten im Landkreis Schweinfurt, Kallmünz 1992
Peschel, Karl: Zum Flachgräberhorizont der Latènekultur in Thüringen, in: Alba Regia, Annales Musei Sthephani Regis XIV 14 (1975)
Rach, Alfred: Geschichte der Salzunger Saline von ihren Anfängen bis 1934, Bad Salzungen 1935
Raetzel-Fabian, Dirk: Kelten, Römer und Germanen. Eisenzeit in Nordhessen (Vor- und Frühgeschichte im Hessischen Landesmuseum in Kassel, Heft 4), Kassel 2001
Riekoff, Sabine/Biel, Jörg: Die Kelten in Deutschland, Stuttgart 2001
Ruck, Hartmut: Chronik der Stadt Bad Salzungen
Schertler, Otto: Die Kelten und ihre Vorfahren, Burgenbauer und Städtegründer, Augsburg 1999
Schlette, Friedrich: Auf den Spuren unserer Vorfahren: Kelten, Germanen, Slawen, Deutsche, Berlin 1983
Ders: Kelten zwischen Alesia und Pergamon, Leipzig 1984
Ders: Germanen zwischen Thorsberg und Ravenna, o. J.
Schnitt, Holger: Der Öchsenberg bei Vacha, Wartburgkreis, und seine urgeschichtliche Besiedlung, Magisterarbeit, Jena 1998
Schulze, Ernst: Beiträge zur Vor- und Frühgeschichte unserer Heimat, 1995
Söder, Ulrike/Zeiler, Manuel: Auf der Suche nach den verschwundenen Pfosten. Ausgrabungen 2003 in der eisenzeitlichen Milseburg bei Hofbieber-Danzwiesen, Kreis Fulda, in: Hessen Archäologie 2003
Dies.: Neues zur Konstruktion der Milseburg-Mauer. Ausgrabungen 2004 auf der eisenzeitlichen Milseburg bei Hofbieber-Danzwiesen, Kreis Fulda, in: Hessen Archäologie 2004
Dies.: Die Milseburg zur Zeit der Kelten. Begleitbroschüre zum archäologischen Wanderweg auf der Milseburg, Lkr. Fulda (in Vorbereitung)
Staudte-Lauber, Annalena: Stichwort Kelten, München, 1995
Stütz, Torsten: Die Kelten in der Rhön, in: Heimatjournal 13 (2004)
Seidel, Gerd: Geologie von Thüringen, Stuttgart 1995
Seidel, Mathias: Keltische Glasarmringe zwischen Thüringen und dem Niederrhein, in: Germania, 83/1 (2005)
Südliches Thüringen (Führer zu archäologischen Denkmälern in Deutschland 28), Stuttgart 1994
Spindler, Konrad: Die frühen Kelten, Stuttgart 1996
Tacitus: Sämtliche erhaltene Werke, Essen 1985
Thiedmann, Andreas/Kreuz, Angela: Der „Keltenhof" von Mackenzell. Vorgeschichtliche Siedlungen „Am vorderen Haugraben" und Rekonstruktion eines Gehöfts der Eisenzeit bei Hünfeld, Landkreis Fulda (Archäologische Denkmäler in Hessen 169), Wiesbaden 2007
Vonderau, Joseph (Hrsg.): Zwei vorgeschichtliche „Schlackenwälle" im Fuldaer Land (Veröffentlichung des FuGschV 3), Fulda 1901
Ders.: Das Gräberfeld bei dem Lanneshof im Kreis Fulda (Veröffentlichung des FuGschV 7), Fulda 1909
Ders.: Zwei Hallstatt-Flachgräber im Fuldaer Land (Veröffentlichung des FuGschV 12), Fulda 1914
Ders.: Die Besiedelung der Rhön in vor- und frühgeschichtlicher Zeit , Fulda 1926 (aus: Festschrift des Rhönklubs)
Ders.: Denkmäler aus vor- und frühgeschichtlicher Zeit im Fuldaer Lande (Veröffentlichung des FuGschV 21), Fulda 1931
Ders.: Ein Skelettflachgrab der Frühlatènezeit bei Stöckels, in: FGschBl. XXIV (1931)
Ders.: Ein zweites keltisch-gallisches Flachgrab der Frühlatènezeit bei Stökkels, in: Fuldaer Geschichtsblätter XXVI (1933)
Wamser, Ludwig: Ausgrabungen und Funde in Unterfranken 1978 u. 1979, in: Frankenland NF 4 (1980)
Weber, Karl: in: Das Rätsel der Kelten vom Glauberg, Ausst.-Kat. Schirn Frankfurt/M., Stuttgart 2002
Zimmer, Stefan (Hrsg.): Die Kelten-Mythos und Wirklichkeit, Stuttgart 2004

Internet:
Rhön-active „Radwandern auf den Spuren der Kelten in der östlichen Rhön: www.rhoen-active.de/radwandern/index.php
Rhönlexikon: www.rhoen.de/lexikon/index.html